Javier García Campayo

La quintaesencia de la meditación

Los brahmavihāras:
amor, compasión, alegría, ecuanimidad

Prólogo de Vicente Simón

Acceso directo a audios a través de códigos QR

© 2024 Javier García Campayo

© de la edición en castellano:
2024 Editorial Kairós, S.A.
Numancia 117-121, 08029 Barcelona, España
www.editorialkairos.com

Diseño cubierta: Editorial Kairós
Imagen cubierta: Ian Parker
Fotocomposición: Florence Carreté
Impresión y encuadernación: Romanyà-Valls. 08786 Capellades

Primera edición: Septiembre 2024
ISBN: 978-84-1121-286-1
Depósito legal: B 9.967-2024

Todos los derechos reservados.
Cualquier forma de reproducción, distribución, comunicación
pública o transformación de esta obra solo puede ser realizada
con la autorización de sus titulares, salvo excepción prevista por
la ley. Diríjase a CEDRO (Centro Español de Derechos Reprográficos,
www.cedro.org) si necesita algún fragmento de esta obra.

Este libro ha sido impreso con papel que proviene de fuentes respetuosas
con la sociedad y el medio ambiente y cuenta con los requisitos necesarios
para ser considerado un «libro amigo de los bosques».

A mis maestros espirituales

Sumario

Prólogo 9

1. La práctica de los *brahmavihāras* 15
2. Los soportes de meditación en *samatha* 23
3. ¿Qué son los *brahmavihāras*? 31
4. Los *brahmavihāras* en las tradiciones prebudistas y en el budismo 51
5. Meditaciones previas que facilitan la práctica de los *brahmavihāras* 63
6. La concentración de acceso en los *jhanas* y en los *brahmavihāras* 93
7. Bondad amorosa o benevolencia (*mettā*) 111
8. Compasión (*karunā*) 145
9. Alegría altruista o empática (*muditā*) 175
10. Ecuanimidad (*upekkhā*) 199
11. Los *brahmavihāras* en los *sutras* 233
12. La medición de los *brahmavihāras* en psicología y en investigación 239
13. La evidencia científica sobre el efecto de la práctica de los cuatro inconmensurables 271
14. Conclusiones 285

Bibliografía 287

Prólogo

Los seres humanos, a lo largo de nuestras vidas, vamos enfrentándonos a diversas situaciones a las que tratamos de responder con reacciones lo más eficaces posibles para asegurar nuestra supervivencia. Algunas de esas reacciones tienen más éxito o resultan más apropiadas que otras para alcanzar los fines que pretenden.

Dado que somos seres dotados de una notable capacidad de memoria, no podemos impedir que esa sucesión de interacciones con el mundo externo, con el paso del tiempo, vaya condicionando no solo nuestra manera de reaccionar, sino también nuestra forma de «ver» la realidad.

El resultado es que acabamos siendo, en general, seres muy condicionados por nuestra historia. Seres que, además, al menos en esta etapa de la evolución de la humanidad que estamos viviendo, se ven abocados a soportar una considerable cantidad de sufrimiento.

Ese sufrimiento no solo es el resultado de las condiciones adversas que podemos encontrar en el mundo externo (condiciones que, de hecho, tienen tendencia a disminuir, debido a los avances científicos logrados por los seres humanos), sino que, en buena medida, se debe a nuestra ineptitud para manejar con habilidad diversas situaciones que, al menos teóricamente, serían susceptibles de ser resueltas de forma más brillante.

En estos momentos en los que escribo estas líneas, estamos siendo testigos de una guerra sin cuartel (nada novedoso en la historia de la humanidad). Pero, como toda guerra, su mera existencia refleja la incapacidad de los grupos humanos (en este caso, contemporáneos) a la hora de diseñar soluciones más afortunadas para los conflictos que surgen, inevitablemente, en las interacciones intergrupales.

Lo que estamos contemplando es cómo gigantescas cantidades de dinero y de capital humano se están dedicando a la destrucción material de todo tipo de estructuras, así como a la destrucción física de miles de seres humanos y a la producción indiscriminada de sufrimiento. Piénsese, por un momento, lo que podría conseguirse si estas astronómicas cantidades de recursos fueran utilizadas para un buen fin. Podrían dedicarse a la realización de ingentes proyectos colaborativos de todo tipo; generación de energía limpia, construcción de espacios habitables, creación de proyectos educativos de altísima calidad, etcétera.

Pero lo tristemente cierto es que nada de esto está sucediendo. Lo que tenemos es una guerra cruenta y la generación de miseria y de sufrimiento. Los grupos enfrentados se muestran incapaces de ponerse de acuerdo en dirigir sus recursos a logros positivos que supondrían un avance notorio para las poblaciones afectadas. Todo lo contrario. Esos recursos se destinan a la destrucción. ¿Cómo podríamos llamar a esa incapacidad? ¿Qué es lo que falla? Es la impericia de las mentes humanas para funcionar con una mayor clarividencia y su dependencia de los condicionamientos y los hábitos negativos que hemos ido acumulando desde nuestro comienzo como raza humana. Se trata de un cierto tipo de ignorancia y de un predominio de ciertos hábitos nocivos, difíciles de erradicar.

Estas limitaciones, puestas tan claramente de manifiesto a nivel grupal o social, reflejan impedimentos que todos padecemos a nivel individual. Los condicionamientos erróneos, de los que antes hablaba, nos conducen a tomar decisiones desafortunadas y a cometer una y otra vez las mismas equivocaciones. Nuestras mentes se muestran relativamente incapaces de encontrar soluciones apropiadas para muchos de los problemas que la vida nos plantea. Pero, por otra parte, tenemos sobradas evidencias para afirmar que la mente humana es capaz, en otras circunstancias, de hacerlo mejor, muchísimo mejor.

Podríamos decir que la mente humana posee un enorme potencial que no se actualiza de manera automática. No nacemos con todas nuestras competencias desarrolladas, sino que se requiere de un esfuerzo (en ocasiones, considerable) para que se actualicen y manifiesten. Igual que hay que estudiar para dominar una disciplina, o que es necesario entrenarse para desarrollar las habilidades deportivas, de igual manera hay que trabajar la mente para que manifieste su potencial (latente, a la vez que extraordinario). Lo que falta es, sin duda, el trabajo necesario para que la mente pueda dar de sí todo aquello de lo que es capaz.

Quiero apresurarme a afirmar que tal descubrimiento no es un producto de la inteligencia contemporánea. Al contrario, ya hace miles de años que existieron grupos humanos que comenzaron a cultivar su mente, tanto para comprender mejor la realidad como para evitar el sufrimiento. El fruto de estos esfuerzos ha llegado a nosotros a través de las llamadas tradiciones meditativas, entre las que destaca el budismo.

Estas tradiciones nos han legado un saber hacer que se concreta en ejercicios para que la mente humana funcione mejor y no caiga en los habituales errores que la conducen a llevar a cabo acciones desafortunadas y a generar un sufrimiento que parece no tener fin.

Un destacado fragmento de ese legado es lo que constituye la esencia del libro que el lector tiene en sus manos (o en su pantalla, si es aficionado a la lectura digital). Se trata de lo que ha recibido el nombre de los «cuatro inconmensurables» o *brahmavihāras* (moradas del dios Brahma en las que deberíamos habitar sin interrupción). Conviene decir que se trata de lo que podríamos describir como cuatro actitudes emocionales, que son, concretamente, la «bondad amorosa», la «compasión», la «alegría empática» y la «ecuanimidad», y que serán ampliamente descritas en el texto que sigue a continuación.

Lo que quiero resaltar aquí es que este método, que consiste básicamente en generar un cambio en determinadas actitudes psicológicas, es uno de los abordajes posibles que nos permite producir un desarrollo significativo de la propia mente. Se trata de causar una transformación interna que contribuirá a erradicar esos hábitos erróneos en los que nos encontramos cautivos para, ulteriormente, acceder a una visión más nítida de la realidad.

El presente libro incorpora una detallada descripción psicológica de los «cuatro inconmensurables», fruto de la erudición de su autor, que es un excelente conocedor de la psicología contemporánea. Esta descripción incluye revisiones, tanto de los aspectos psicométricos como de los efectos psicológicos que conlleva la práctica de los *brahmavihāras*, estudiados, bien en poblaciones normales, bien en poblaciones afectadas por diversas psicopatologías.

Quizá lo que yo más aprecio de este libro es la extensa y cuidada presentación de múltiples prácticas meditativas (tanto formales como informales) encaminadas a la adquisición de los «cuatro inconmensurables». Es decir, que el libro no solo es portador de un rico bagaje teórico, sino que los meditadores encontrarán en él una fuente, casi inagotable, de ejercicios prácticos con los que poder ir convirtiéndose en expertos de estas sublimes cualidades.

Me atrevería a afirmar que, en estos momentos, se trata del libro más completo escrito en castellano sobre los *brahmavihāras*. Por todo ello, quisiera recomendar, encarecidamente, no solo su lectura, sino también su empleo como una guía luminosa para orientarse en el camino, a veces incierto, de la práctica meditativa.

VICENTE SIMÓN
Valencia, septiembre de 2022

1. La práctica de los *brahmavihāras*

> No es fácil enseñar el Dharma a otros, Ananda.
> Solo debe ser enseñado cuando se han establecido cinco cualidades en quien enseña ¿Qué cinco?
> 1) Enseñar paso a paso.
> 2) Enseñar la secuencia de causa y efecto.
> 3) Hacerlo como producto de la compasión.
> 4) No esperar ninguna recompensa material.
> 5) No ensalzarse uno mismo ni denigrar a otros.
>
> *Anguttara Nikāya* 5, 159 (Udayi Sutta)

¿Por qué practicar la meditación?

En la mayoría de las tradiciones religiosas, incluidas las tres monoteístas abrahmánicas, judaísmo, cristianismo e islam, la razón fundamental para la práctica es la fe: la creencia en un Dios todopoderoso que ha creado este mundo y al ser humano, y al que se tiene necesidad de adorar. En el budismo, sin embargo, la principal motivación de la conducta religiosa es la toma de conciencia del sufrimiento que impregna este mundo, lo que constituye la Primera Noble Verdad que enseñó el Buda.

Reconocido el sufrimiento, la gran pregunta es: ¿por qué existe? O, aún mejor, ¿cómo se produce? La primera cuestión ha sido uno de los grandes motores de la filosofía occidental, y la respuesta varía desde que «este es el mejor de los mundos posibles», hasta que «el sufrimiento y el mal han sido creados por Dios para permitirnos el libre albedrío».

De nuevo, la visión budista no mira afuera, a las circunstancias externas que, aunque puedan influir en ese sufrimiento, no constituyen la causa más importante. La clave es nuestro interior. Como decía el Buda: «La felicidad y el sufrimiento están en la mente». Pero ¿cuál es exactamente el problema? Una visión distorsionada del mundo, una percepción no fiable de la realidad.

Los dos tipos de meditación en el budismo

En el budismo se considera que existen dos grandes tipos de prácticas meditativas (García Campayo, 2020):

1. Desarrollo de la atención (*samatha* en sánscrito): incluiría las prácticas descritas como atencionales. Buscan desarrollar la cualidad de la atención; es decir, poder mantener la mente fija en el objeto que se haya decidido, durante el tiempo que se quiera, sin distracción. Se dice que esta práctica ya existía en los tiempos del Buda, ya que se hallaba muy desarrollada en la tradición védica. De hecho, fue la principal práctica meditativa del Buda durante los seis años que estuvo buscando la iluminación, desde que abandonó su hogar.

2. Visión cabal (*vipassana* en sánscrito): se considera que esta práctica fue desarrollada por el Buda y que es la que, verdaderamente, permitía alcanzar la iluminación, algo imposible con la práctica exclusiva de *samatha*. Tradicionalmente, *samatha* era la primera práctica de los novicios durante años y, cuando afilaban el cuchillo de la atención, era cuando podían practicar *vipassana* para entender el funcionamiento de la mente. Veremos que el concepto de *vipassana* en la tradición budista es más específico.

Lo que entiende el budismo como meditación introspectiva, visión cabal o *vipassana* es poder ver, momento a momento, en cualquier objeto de meditación, las tres características nucleares que, según el budismo, presentan todos los fenómenos existentes, y que se denominan «las tres marcas»: impermanencia, sufrimiento y ausencia de yo. Esta es la clave y lo que hace a la meditación *vipassana* única. En dependencia del objeto de meditación, la práctica se adapta para poder hacerse consciente de las tres marcas.

Meditación *vipassana*

A modo de ejemplo, podemos ver cómo adaptaríamos la meditación de mindfulnesss en la respiración para hacernos conscientes de «las tres marcas» y que se convirtiese en una meditación *vipassana*.

El meditador se centra en el proceso de inspirar, pausa, espirar y pausa en cada uno de los ciclos de la respiración. Sin embargo, a diferencia de la meditación concentrativa o *samatha*, intentará percibir (García Campayo, 2020):

- **Impermanencia:** la respiración cambia en cada ciclo. Algunas son más profundas o más superficiales, más rápidas o más lentas, más o menos ruidosas, el aire entra más por una fosa nasal que por otra. En suma, no existen dos respiraciones iguales, es un proceso continuamente cambiante.
- **Sufrimiento debido al apego:** el meditador va a ser consciente de que prefiere un tipo de respiración sobre otro. Por ejemplo, prefiere las más lentas, las más profundas, las más silenciosas o las de tal o cual tipo. Se torna consciente del apego y del impulso mediante el que fuerza a la respiración a ser como desea que sea. Y aunque no fuerce la respiración, hay un deseo, una expectativa, una querencia. Si la expectativa se cumple, hay un placer de corta duración; si no se cumple, hay desagrado, y así en un ciclo continuo. Este proceso se repetirá con cualquier otro estímulo u objeto en la vida, a menos que desarrollemos aceptación y ecuanimidad.
- **Ausencia de yo:** con el tiempo, el meditador será consciente de que, aunque no realice ningún esfuerzo para respirar, la respiración se mantendrá igual sin un yo que la promueva, «el universo se respira a sí mismo». Empezará a percibir la ausencia de yo, el primer acercamiento a la no dualidad. En cualquier objeto o ser vivo, si lo analizamos filosóficamente según la tradición budista o lo experimentamos mediante la meditación, comprobaremos que todo es compuesto, que todo es una suma de partes. Este tercer aspecto de la existencia es mucho más complejo de percibir y de explicar y, por eso, a los interesados les remito a mi libro *Vacuidad y no dualidad* (editorial Kairós, 2020), dedicado íntegramente a este tema.

En cualquier actividad que realicemos: conducir, lavarnos, comer, cocinar, andar, etcétera, debemos intentar descubrir las «tres marcas»:

1) el cambio continuo; 2) el sufrimiento que genera el apego/aversión a estas actividades, y 3) la ausencia de yo, la insustancialidad, la inconsistencia tanto del objeto percibido como del sujeto que percibe. Al principio, la comprensión de las «tres marcas» es más racional, pero, con los años de práctica meditacional, se vuelve experiencial, y se percibe la respiración como un tren de sensaciones individuales y discontinuas que surgen y transcurren rápidamente en cada momento. Es decir, cada objeto de meditación se descompone en sensaciones discretas y rápidas en las que las «tres marcas» del budismo se perciben con claridad. Además, el meditador habrá adquirido la capacidad de extrapolar esta habilidad de ver estas tres características en cualquier objeto de atención, ante cualquier situación que le ocurra en la vida, y eso es muy liberador.

El propósito de la práctica de *vipassana* es alcanzar un cambio radical en la percepción del sujeto para evitar la identificación con los objetos sensoriales y cognitivos, haciéndose consciente de la ausencia de un yo independiente. Uno de los efectos de este proceso es la reducción del apego/aversión hacia cualquier objeto y, por tanto, de la proliferación mental posterior. El conocimiento que se consigue no es producto de una reflexión consciente, sino que es una comprensión directa y no conceptual alcanzada por el repetido examen de las tres marcas en todos los objetos de meditación (Pa Auk, 2000; Dorjee, 2010). Así pues, el meditador se hace consciente de que la persecución de estos objetos no le traerá la felicidad. También sabe que los fenómenos sensoriales y cognitivos no son aspectos del yo, sino fenómenos mentales transitorios. Podemos ver que *samatha* puede disminuir la proliferación mental durante unos segundos, pero *vipassana* va al origen del problema y hace que la disminución de la proliferación mental sea definitiva.

> **Práctica: Mindfulness en la respiración con atención a «las tres marcas»**
>
> Adopta la postura de meditación. Pon la atención en la respiración. Busca las «tres marcas». Empieza por la impermanencia y observa cómo las respiraciones no son iguales. Toma nota de la duración, de la profundidad, de por cuál de las dos fosas nasales entra, de la temperatura y la humedad del aire antes y después de la respiración. Ahora observa el sufrimiento: observa cómo hay ciertos tipos de respiración que te gustan más, a los que te apegas, y otros que te gustan menos, que los rechazas. Este es el origen del sufrimiento. Finaliza observando la ausencia de yo, la insustancialidad. Observa que no hace falta que tú respires, que controles la respiración. El proceso se produce solo. Puedes terminar cuando estés preparado.

Meditación *samatha*
(García Campayo, 2020)

Esta meditación tiene por objetivo, como ya hemos dicho, el desarrollo de la atención. Tradicionalmente, era con la que empezaban los discípulos, quienes, solo años más tarde, practicaban la meditación *vipassana*. En el próximo capítulo analizaremos los objetos de meditación para la práctica de *samatha*, entre los que se encuentran los cuatro inconmensurables. Sin embargo, se debe tener en cuenta que esa división entre *samatha* y *vipassana* no es total, no es una dicotomía en blanco y negro, ya que muchas meditaciones pueden empezar siendo *samatha* y, progresivamente, se van transformando en *vipassana*, conforme más se enfatiza el hacerse consciente de las tres marcas. Un ejemplo es mindfulness en la respiración, que, practicada como es habitual en mindfulness, es básicamente *samatha*, pero, conforme se aplican las modificaciones descritas en la sección anterior, se convierte en *vipassana*.

2. Los soportes de meditación en *samatha*

> Dejar ir es la felicidad suprema.
>
> Buda, *Udāna* 2:1

Introducción

Los *jhanas*, o absorciones, son estados de meditación en los que la concentración es tan profunda que la mente se encuentra del todo inmersa y absorta en el objeto de atención elegido. Existen ocho *jhanas*, progresivamente más profundos, que constituyen el objeto espiritual por alcanzar en algunas tradiciones meditativas, como algunas escuelas del budismo.

El *Visuddhimagga* (Buddhagosa, 2016), el manual de meditación más utilizado en la escuela budista antigua o Theravada, describe cuarenta objetos de meditación para alcanzar la concentración de acceso, que es el paso previo a los *jhanas*, o absorciones, pero considera que solo treinta de ellos nos permitirán alcanzarlos. No hay que olvidar que los *jhanas* descritos en el *Visuddhimagga* son diferentes de los descritos en los *sutras*, las escrituras que describen los diálogos del Buda, ya que los del *Visuddhimagga* requieren mucho mayor nivel de atención.

Los diversos objetos de meditación que el Buda recomendó para el desarrollo de la atención han sido coleccionados en los comentarios a los *sutras* como un conjunto llamado «los cuarenta *kammatthāna*». Esta palabra significa literalmente «el lugar de trabajo» y se aplica al sujeto de meditación como el lugar en el que el meditador ejerce el trabajo de la meditación. Los cuarenta objetos de meditación se distribuyen en siete categorías, enumeradas en el *Visuddhimagga* como sigue (Gunaratana, 1988):

- Diez *kasinas*.
- Diez clases de repugnancias.
- Diez remembranzas.
- Cuatro moradas divinas.
- Cuatro estados inmateriales.
- Una percepción.
- Una definición.

Una *kasina* es un dispositivo que representa una cualidad particular para ser usada como soporte de la concentración. Las diez *kasinas* son: a) los cuatro elementos: tierra, agua, fuego y aire; b) cuatro colores: azul, amarillo, rojo y blanco; c) la *kasina* de luz, y d) la *kasina* del espacio limitado. La *kasina* puede ser una forma natural del elemento o color escogido, o un dispositivo producido artificialmente, tal como un disco, que el meditador puede utilizar según su conveniencia en su lugar de meditación.

Las diez clases de repugnancias se refieren a las diez etapas de descomposición del cadáver: 1) hinchado, 2) lívido, 3) pestilente, 4) desgarrado, 5) roído, 6) esparcido, 7) destrozado y esparcido, 8) sangrante, 9) infestado con gusanos, y 10) esquelético. El objetivo principal de estas meditaciones es el de reducir la lujuria y el apego al propio cuerpo mediante la adquisición de la percepción clara de la repugnancia del cuerpo.

Las diez remembranzas son las de:

a) Las Tres Joyas: 1) el Buda, 2) el *Dhamma*, y 3) la *Sangha*.
b) Dos cualidades y las divinidades: 4) la moral, 5) la generosidad, y 6) las deidades,
c) Otros objetos: 7) atención respecto a la muerte, 8) atención al cuerpo, 9) atención a la respiración, y 10) la paz.

Así, en relación con las remembranzas, las tres primeras son contemplaciones devocionales respecto a las cualidades sublimes de las «Tres Joyas», los objetos primarios de la veneración budista. Las siguientes tres son reflexiones acerca de dos virtudes budistas cardinales, y acerca de las deidades que habitan los mundos divinos, dirigidas principalmente a aquellos que aún albergan la intención de un renacimiento superior. La atención respecto a la muerte es la reflexión acerca de la inevitabilidad de la muerte, un aliciente constante para el esfuerzo espiritual. La atención al cuerpo comprende la disección mental del cuerpo en treinta y dos partes, tomadas con el objeto de percibir su naturaleza repulsiva. La atención a la respiración es el percibir claramente el movimiento hacia dentro y hacia fuera de la respiración, tal vez el más fundamental de todos los soportes de la meditación budista. La remembranza de la paz es la reflexión sobre las cualidades del *nibbāna*.

Las cuatro moradas divinas (*brahmāvihāra*) son: 1) el desarrollo del amor bondadoso (o bondad amorosa) universal e ilimitado, 2) la compasión, 3) la alegría altruista, y 4) la ecuanimidad. Estas meditaciones son también llamadas las «inconmensurables» (*appamaññā*), ya que deben ser desarrolladas de forma ilimitada hacia todos los seres, sin distinciones o exclusividad. Constituyen el objeto de este libro.

Los cuatro estados inmateriales son: 1) la base del espacio infinito, 2) la base de la conciencia infinita, 3) la base de la nada, y 4) la base de la no-percepción-ni-no-percepción. Estos son los objetos que conducen a los correspondientes logros meditativos, llamados los *jhānas* inmateriales.

La percepción singular es la percepción de lo repulsivo de la comida. La definición singular es la definición de los cuatro elementos, a saber: el análisis del cuerpo físico en sus modos elementales de solidez, fluidez, calor y oscilación.

Los cuarenta objetos de meditación son tratados en los textos exegéticos desde dos ángulos importantes; por un lado, en cuanto a su habilidad de inducir diferentes niveles de concentración; por otro lado, respecto a su idoneidad con relación a los diferentes temperamentos. No todos los objetos de meditación son igualmente efectivos para inducir los niveles más profundos de la meditación. En primer lugar, son distinguidos sobre la base de su capacidad para inducir solo concentración de acceso o para inducir la absorción completa. Aquellos capaces de inducir la absorción son entonces distinguidos a continuación de acuerdo a su habilidad para inducir los diferentes niveles jhánicos.

De los cuarenta objetos, diez son capaces de conducir exclusivamente a la concentración de acceso: ocho remembranzas (todas, excepto atención al cuerpo y atención a la respiración), junto con la percepción de lo repulsivo de los alimentos y la definición de los cuatro elementos. Estas, debido a que se ocupan de diversas cualidades y requieren la aplicación activa del pensamiento discursivo, no son capaces de conducir más allá de la concentración de acceso. Los otros treinta objetos son todos capaces de conducir a la absorción. Las diez *kasinas* y la atención a la respiración, debido a su simplicidad y libertad con respecto a la construcción de pensamiento, pueden conducir a las cuatro niveles de los *jhānas*. Los diez tipos de repugnancia y la atención al cuerpo son capaces de conducir solo al primer *jhāna*, estando limitados debido a que la mente solo puede asirlos con la ayuda de la aplicación del pensamiento (*vitakka*), la cual se encuentra ausente en el segundo *jhāna* y *jhānas* superiores. Las tres primeras moradas divinas pueden inducir los tres *jhānas* inferiores, pero no el cuarto, ya que surgen en asociación con la sensación placentera, mientras que la morada divina de la ecuanimidad ocurre solo en el ámbito del cuarto *jhāna*, en donde la sensación neutra toma ascendencia. Los cuatro estados inmateriales conducen a los *jhānas* correspondientes, con sus nombres respectivos.

Los cuarenta objetos se diferencian también de acuerdo con su idoneidad respecto a los diferentes tipos de carácter o temperamento. Se reconocen, según la tipología budista, seis tipos principales de carácter, y estos son los soportes meditativos que se recomiendan (Buddhaghosa, 2016):

1. De avidez sensorial o codicioso: se recomiendan las diez clases de repulsiones y la atención al cuerpo, claramente adecuadas para la atenuación del deseo sensorial.
2. Aversivo: se deben usar los ocho objetos (las cuatro moradas divinas y las cuatro *kasinas* de color).
3. Iluso u ofuscado: debe centrarse en la atención a la respiración.
4. Fiel: tiene que usar las primeras seis remembranzas.
5. Inteligente: se le recomienda elegir entre alguno de los cuatro

objetos, a saber: atención con relación a la muerte, la remembranza de la paz, la definición de los cuatro elementos, y la percepción de lo repulsivo de la comida.
6. Especulativo: tendría que ir a la atención a la respiración.

Esta tipología sobresimplificada es tomada solo como guía pragmática, ya que en la práctica admite múltiples tonos y combinaciones. Las seis *kasinas* que quedan y los estados inmateriales son adecuados para todo tipo de temperamento. Sin embargo, las *kasinas* deben ser de pequeño tamaño para aquellas personas de temperamento especulativo y de tamaño grande para las de temperamento iluso.

Buddhaghosa (2016) menciona que esta división sobre la base del temperamento ha sido efectuada considerando una oposición directa o una adecuación completa; pero, de hecho, no hay ninguna forma sana de meditación que no suprima las impurezas y fortalezca los factores mentales asociados con la virtud. Por tanto, a un meditador se le puede aconsejar meditar en el aspecto repulsivo del cuerpo para abandonar la lujuria, en la bondad amorosa para abandonar el odio, en la respiración para eliminar el pensamiento discursivo, y en la impermanencia para eliminar el orgullo y la sensación del yo.

Mettā

De los cuatro *brahmavihāras*, el más utilizado suele ser *mettā*. En el capítulo dedicado a esta emoción inconmensurable, describimos la práctica, que es igual a la utilizada con los otros tres inconmensurables, y que también describiremos en sus capítulos respectivos.

La meditación de bondad amorosa, o *mettā*, puede ser usada, de forma muy eficaz, para alcanzar la concentración de acceso y, posteriormente, los estados de absorción o *jhanas*. Hay diferentes formas de practicar. Todas son eficaces si nos centramos en *mettā* como tal y no estamos pensando en el resultado, en alcanzar la concentración de acceso y los *jhanas*. El objeto básico es generar el deseo de que los demás y yo mismo estemos bien y seamos felices.

3. ¿Qué son los *brahmavihāras*?

> Todo aquel que, esté de pie o caminando, sentado o tumbado,
> calma su mente y se esfuerza por la serenidad interior,
> en la que no hay pensamientos,
> reúne los requisitos para realizar la suprema iluminación.
>
> BUDA, *Anguttara Nikāya* IV, 11

Concepto

En pali, en el que están escritos los textos sagrados budistas, la palabra *brahmavihāra*s puede ser traducida como estados excelentes, sublimes o elevados, o como moradas divinas. Se decía que el dios Brahma, el más elevado de todos los dioses del panteón hinduista, moraba en estos excelentes estados de consciencia. A diferencia de otros dioses de la mayoría de las religiones, en Brahma no cabe el odio, la ira, el enfado, la envidia, los celos, y ni siquiera una «justa indignación». Por eso, desarrollar estos estados es como tener la mente de Brahma. Si constituyen el modo predominante de nuestra mente, según la tradición budista, renaceríamos en reinos afines con este estado mental, es decir, en los reinos de Brahma (Thera, 1958).

Se describen como «moradas» (*vihāra*s, que originalmente significaba monasterio en tiempos del Buda) porque deberían constituir el estado normal de nuestra mente, el lugar donde deberíamos habitar, nuestra morada. Estas emociones no tendrían que aparecer de forma ocasional y poco duradera, sino saturarnos en y de ellas. Estando en ellas, deberíamos sentirnos como en casa. Tendrían que ser nuestros amigos inseparables, como recomienda el Mettā Sutta (*Suttanipāta* 1:8):

> Estando de pie, caminando, sentado o tumbado,*
> ya sienta energía o esté cansado,
> se establece de forma sólida en la atención,
> es decir, en las moradas sublimes.

Se considera que estas cuatro actitudes son sublimes o excelentes porque constituyen el ideal de vida, de conducta recta, que debieran seguir todos los seres humanos. De alguna forma, ellas son la respuesta a todas las dificultades que se producen en las relaciones interpersonales. Son las cualidades relacionales por excelencia. Eliminan cualquier prejuicio o barrera social y permiten construir sociedades armónicas y resilientes, no polarizadas. Generan alegría y esperanza, y promueven la solidaridad humana frente a nuestra natural tendencia egoísta.

También se describen como «estados ilimitados» *(appamaññā)*, porque no pueden ser constreñidos por ninguna cualidad, como el rango de seres hacia los que se dirige, que es ilimitado (Truffley,

---

* Estas son las cuatro posiciones básicas del cuerpo en el budismo, es decir, siempre hay que practicar los *brahmavihāra*s.

2012). Su principal característica es ser imparciales y no excluyentes, nunca ligados a los prejuicios o a las preferencias por nacionalidad ni por causa religiosa, política, social o de género (Thera, 1958). Además, cuando se practican siguen creciendo de forma indefinida (Nhat Hanh, 1998). Los cuatro inconmensurables **no conducirían a la Iluminación**, pero constituirían su paso previo.

Desde la perspectiva de la psicología, estas meditaciones serían, siguiendo la clasificación de Dahl (2015), tanto atencionales, ya que permiten alcanzar los *jhanas*, profundos estados atencionales, como generativas, ya que desarrollan cualidades de la mente que no se tienen o se poseen de forma limitada. Constituyen una de las meditaciones más importantes y transformadoras, ya que practicar solo meditaciones atencionales podría reforzar nuestro ego, como confirman algunos estudios (Paulin y cols., 2021). Según el nivel en que estemos en nuestra meditación, vamos a percibir estadios cada vez más profundos en esta práctica.

¿Cuáles son los cuatro inconmensurables?

Los «cuatro amigos», como los denomina Ayya Khema (2022), son, según esta maestra budista, «las únicas emociones que vale la pena tener». Incluyen, siguiendo el órden clásicamente utilizado en la tradición budista y usando las palabras en pali que las definen:

- *Mettā*, o amor bondadoso, es una amistad desprovista de ego que desea que todos los seres sean felices.
- *Karunā*, o compasión, es una emoción que anhela que todos los seres estén libres de sufrimiento y de sus causas.

- *Muditā*, o alegría empática o apreciativa, que se regocija ante el éxito, la felicidad o buena suerte de los demás.
- *Upekkhā*, o ecuanimidad, que implica calma ante el destino propio o de otros seres; una calma basada en la sabiduría. También se asocia a no preferencia ante personas o circunstancias.

La práctica de los cuatro inconmensurables enriquece nuestra relación con los demás. Estas serían sus características según el *Visuddhimagga* (Buddhaghosa, 2016):

La **bondad amorosa** se caracteriza por la cordialidad hacia los seres sintientes y el deseo de que estén bien y felices. Esta debería ser nuestra actitud básica hacia los seres vivos. Su causa inmediata es ver a los demás como seres que merecen ser amados. Cuando la bondad amorosa tiene éxito, se elimina el odio (enemigo lejano); cuando falla, degenera en apego o afecto egoísta (enemigo cercano), lo que a menudo se llama «amor» en la sociedad. El amor genuino se extiende tanto a los que nos tratan bien como a los que no lo hacen. Es firme y no oscila según nuestro estado de ánimo o el trato que recibimos de los demás. Está dispuesto a ayudar, pero no obliga a los demás a cumplir nuestros deseos. Combinar el amor con la comprensión de la ausencia de yo destruye cualquier sentido de posesión. Este amor sabe que, en última instancia, no hay poseedor o persona que poseer, no hay una persona sustancialmente existente a la cual dar o de quien recibir. La bondad amorosa desea a los seres que tengan la felicidad más elevada: el *nibbāna*.

Al observar el sufrimiento de los seres sintientes, respondemos con **compasión**, que tiene el aspecto de aliviar el sufrimiento. Su causa inmediata es ver la impotencia de aquellos que se encuentran abrumados por el sufrimiento, deseando hacer lo que podamos para ayudarlos. Cuando la compasión tiene éxito, disminuye la crueldad (enemigo lejano); cuando falla, produce la lástima y el sufrimiento por contagio. La compasión nos permite ver el sufrimiento en todas sus variedades sin sucumbir a la desesperación. Nos motiva a acercarnos a los demás para aliviar su sufrimiento. La compasión no favorece a algunos y excluye a otros: no se limita a quienes están experimentando sufrimiento obvio. No culpa a los demás por su sufrimiento, sino que se da cuenta de que, finalmente, ese sufrimiento proviene de la ignorancia, la cual genera karma.

Cuando somos testigos de la felicidad, éxito, virtud y buenas cualidades de los seres, nuestra respuesta es la **alegría empática**. Se deleita por la felicidad y buena fortuna de los demás. Meditar en la alegría nos permite ver la bondad que hay en el mundo. Su causa inmediata es observar el éxito de los seres. Cuando la alegría empática tiene éxito, disminuyen la envidia y los celos (enemigo lejano); pero cuando falla, produce entusiasmo forzado y orgullo (enemigo cercano).

Por último, si nuestro propósito de contribuir al bienestar de los demás es reconocido o los demás no son receptivos a nuestra ayuda, permanecemos en equilibrio.

La **ecuanimidad** es una mente equilibrada que permanece tranquila sin importar con qué se encuentre. No es la indiferencia apática que construye muros para protegerse del dolor. La ecuanimidad permite que nuestra práctica espiritual se mantenga en la dirección correcta sin que sea sacudida por la excitación o las emociones intensas. Al no aferrarse a nada, la ecuanimidad da espacio para apreciarlo todo. Se caracteriza por promover el aspecto de equilibrio hacia los seres. Su causa inmediata es reconocer la propiedad del karma, por tanto, que los seres son dueños de su karma. Entender el karma engendra ecuanimidad. Las personas se encuentran con los resultados causados por sus propias acciones. Entender que no existe un yo nos libera del aferramiento y otras aflicciones permitiendo que la ecuanimidad surja. Cuando la ecuanimidad tiene éxito, hace que el apego y el rechazo disminuyan (enemigo lejano); cuando falla, produce una indiferencia estúpida (enemigo cercano).

El esfuerzo gozoso es crucial a la hora de comenzar a practicar los cuatro inconmensurables. Domar todos los obstáculos mediante la aplicación de sus antídotos es importante a la mitad, mientras la práctica sigue adelante. La absorción meditativa es esencial al final.

¿Cómo se interconectan los cuatro inconmensurables?

Como afirma Longchenpa (2020), el gran maestro de la escuela Nyingma del budismo tibetano que estructuró la enseñanza del Dzogchen, en el siglo XIV:

> Del suelo de la bondad amorosa y la amistad,
> surge el bello florecimiento de la compasión,
> regado con las lágrimas de la alegría
> y protegido bajo la fresca sombra del árbol de la ecuanimidad.

Todas ellas son cualidades relacionales y servirían para desarrollar sociedades y familias respetuosas, sanas y dignas. Rompen la distinción entre amigos, enemigos e indiferentes, la diferencia entre lo que me gusta y lo que no me gusta y la expectativa de reciprocidad, en la que se basan todas las relaciones interpersonales.

Feldman (2017) afirma que la **bondad amorosa** es la raíz de la compasión, y la protege de la desesperación y la imparcialidad. La **compasión** evita que la ecuanimidad caiga en la indiferencia y que la bondad amorosa se fusione con el sentimentalismo o sea un estado de simple elevación del espíritu, ya que se hace consciente del inmenso sufrimiento del mundo, y la transforma en acción altruista. También la compasión disminuye la importancia del yo y protege a la alegría del olvido. La **alegría** es necesaria para suavizar la angustia y el sufrimiento que experimentamos ante la contemplación del dolor del mundo, y nos gratifica en nuestro esfuerzo de intentar acabar con el sufrimiento de los seres. También suaviza y lleva serenidad a la ecuanimidad. Por último, la **ecuanimidad** aporta a la bondad amorosa y a la compasión estabilidad y paciencia, y equilibra la alegría para que no divague en la exuberancia. La ecuanimidad permite que no nos apeguemos al resultado de nuestras acciones y que respondamos al mundo sin miedo ni vacilación.

Nanamoli (1991) utiliza una metáfora clásica en la tradición budista: La bondad amorosa (*mettā*) es comparable al sentimiento de una madre hacia su hijo recién nacido (¡Que pueda estar bien! ¡Que pueda prosperar!). La compasión (*karunā*) es el sentimiento de una madre hacia su hijo enfermo (¡Que pueda estar libre del dolor y del sufrimiento!). La alegría empática (*muditā*) es el sentimiento de una madre hacia un hijo ya adulto que deja su casa paterna para casarse (¡Aunque sea doloroso para mí, me alegro mucho por él!). Y la ecuanimidad (*uppekā*) muestra cómo se sentiría una madre al saber que su hijo ya adulto tiene éxito en el trabajo; seguiría atenta e interesada por su bienestar (no indiferente ni desconectada), pero sin enganche emocional hacia las noticias sobre su hijo.

Objetivo de la meditación

La práctica meditativa sistemática en los cuatro inconmensurables producirá dos efectos básicos, a saber:

- Primero, consigue que estas cualidades impregnen profundamente al individuo, convirtiéndolas en actitudes espontáneas que permanecerán incluso en situaciones adversas.
- Segundo, genera y asegura la cualidad de ilimitado, la capacidad de incluir a todos los seres vivos sin distinción en nuestras meditaciones. Las instrucciones dadas en el budismo permiten romper las barreras que estructuran los prejuicios y limitaciones.

Pero el objetivo último sería desarrollar un estado mental que sirva de base sólida para desarrollar la comprensión de la verdadera naturaleza de los fenómenos como impermanentes, insustanciales y generadores de sufrimiento.

¿Cómo desarrollarlas?

Es imposible que nuestra mente desarrolle una afinidad estable con estas cualidades solo con el esfuerzo o mediante la voluntad, ya que no podremos evitar la parcialidad, intrínseca al yo. No deben constituir, únicamente, el motor de nuestra conducta u objetos de reflexión discursiva ocasional, sino que deberemos cultivarlas como meditaciones practicadas de manera metódica.

Este tipo de meditación específica es lo que se denomina *brahmavihāras*, o desarrollo meditativo de los estados sublimes.

Es un tipo de meditación atencional que corresponde al subtipo de atención focalizada: la atención se sitúa, de forma no discursiva, en estos estados de consciencia o emociones sublimes. En este tipo de meditación se alcanzan los estados de concentración mental elevados denominados *jhana*, o «absorciones meditativas». Las meditaciones en el amor bondadoso, la compasión o la alegría empática nos permitirían alcanzar los tres primeros estados de absorción, mientras que la ecuanimidad se asocia con el cuarto *jhana*, en el que la ecuanimidad es el factor característico.

Por tanto, existirían dos formas de desarrollar estos estados sublimes:

1. Mediante una conducta coherente con ellos en la vida diaria, fundamentada en una dirección apropiada y consistente del pensamiento.
2. Mediante una metódica meditación sobre las absorciones.

Cada una de ellas apoya a la otra: la meditación sistemática permite que estas cualidades surjan espontáneamente, sin esfuerzo ni raciocinio. La mente tendrá procesos firmes y calmados, pese a los numerosos desafíos que ofrece la vida, de forma que las cuatro virtudes se mantengan en pensamiento, palabra y obra. Por otra parte, si la conducta habitual de uno está gobernada por estos estados sublimes, la mente albergará menos resentimiento, tensión e irritabilidad; pensamientos fugaces que, a menudo, enturbian las sesiones meditativas, sumergiéndonos en la inquietud. Nuestra vida y pensamiento diario, es decir, la práctica informal, muestran una fuerte influencia en la mente meditativa. Es necesario borrar esta discontinuidad si deseamos una mente estabilizada. Pero, también, la reflexión continua sobre los beneficios de estas cualidades y los peligros de no desarrollarlas influye positivamente en nuestra práctica meditativa. El Buda afirmó en su famoso discurso de La Bola de Miel o Madhupindika Sutta (*Majjhima Nikāya* 18) que:

> Aquello que una persona piensa y reflexiona durante largo tiempo es lo que conforma la mente. La forma de la mente determina nuestra experiencia.

Con el paso del tiempo, estas cuatro cualidades empiezan a gobernar nuestros pensamientos y acciones fácilmente. Todos los seres humanos son capaces de desarrollarlas porque sus semillas se encuentran de forma inherente en nuestro interior, permitiéndonos conectar con la bondad universal y con el mundo. El genio del Buda intuyó que estos estados mentales, que todos hemos experimentado y disfrutado alguna vez, podían ser desarrollados para que constituyesen una forma de estar en el mundo y de interpretar la vida.

La práctica como tal

La meditación se practica, con cada una de las cuatro emociones, eligiendo progresivamente las dianas, pudiendo elegir dos tipos de estructura:

1. POR EXTENSIÓN AFECTIVA: se empieza desde lo más fácil a lo más difícil. Puede empezarse por un maestro espiritual a quien tengamos especial veneración; a continuación, se seleccionan seres queridos, como familiares y amigos; posteriormente, personas

indiferentes o poco conocidas, y, finalmente, se seleccionan enemigos, personas que nos disgusten o nos desafíen. Tras haber hecho lo más difícil, incluir a los enemigos, se pueden romper barreras y no hacer ninguna discriminación entre ningún ser vivo. En ese momento, se alcanzan los estados más elevados de concentración, dando origen al primer *jhana* o estado de absorción, y, después, a los posteriores, hasta alcanzar el cuarto *jhana* mediante el desarrollo de la ecuanimidad.

2. POR EXTENSIÓN ESPACIAL: en este caso, la práctica se inicia con el entorno familiar inmediato, como la propia casa donde vive nuestra familia, después, se extiende a las casas circundantes, hasta alcanzar toda la calle y todo el barrio; posteriormente, se expande a nuestra ciudad, nuestro país, nuestro continente, y, finalmente, todo el planeta y todo el universo. También puede hacerse usando las direcciones, empezando por el este, luego el oeste, el norte y el sur. Después, las direcciones intermedias (noreste, noroeste, sureste y suroeste) y acabar con el zénit y el nadir. Se cumplimentan así las diez direcciones tradicionalmente descritas en la escuela budista.

Los mismos principios se aplican a cada uno de los cuatro inconmensurables, variando solo las frases y las visualizaciones y, lógicamente, la emoción que se produce. El *Visuddhimagga*, uno de los manuales clásicos de meditación de la escuela budista Theravada, en su capítulo IX desarrolla ampliamente el tema (Buddhaghosa, 2016).

No se deben seleccionar personas que ya hayan muerto, ya que los inconmensurables se pretende desarrollarlos con los seres vivos. Así mismo, el budismo sugiere que, en las fases iniciales de la práctica de los cuatro inconmensurables, no se incluya a personas que nos producen atracción sexual por el riesgo de confundir sentimientos y generar aún más apego. También se dice que los buenos amigos no son un buen recipiente para desarrollar compasión, por el riesgo del sufrimiento asociado al contagio emocional que produce observar el sufrimiento de un ser querido en personas no entrenadas (Sujiva, 2007).

¿Qué cualidades se necesitan para desarrollar los cuatro inconmensurables?

Longchempa (2020) afirma que se necesitan cinco cualidades:

1. *Una actitud fundamental tan vasta como el espacio.* Una actitud estrecha, de carencia, de competición con los demás seres, autocentrada, como es habitual en la mayoría de nosotros, no permite desarrollar estas cualidades. Mantener la idea de que uno tiene una visión correcta o equivocada excluye a los demás. Nuestra actitud debe ser inconmensurable, abarcadora, de no juicio hacia nada.
2. *Una mente estable como la profundidad del océano.* Esta metáfora es típica del budismo, sobre todo del tibetano. La profundidad del océano no es alterada por lo que ocurre en la superficie. De la misma forma, lo que sucede a nuestro alrededor no debería afectar a nuestra mente si está entrenada.
3. *Considerar todo lo que ocurre, tanto en el exterior como en nuestro interior, como neblina que flota en el cielo.* Todo lo que ocurre fuera y todo lo que sucede dentro de nosotros (pensamientos, emociones, impulsos) desaparecerá debido a la impermanencia, pues todo es insustancial. Aferrarse a cualquier cosa es el juego de la mente.
4. *Una actitud compasiva tan ecuánime como los rayos de sol.* Esta

metáfora también se encuentra en la tradición cristiana: «[…] para que seáis hijos de vuestro Padre que está en los cielos, que hace salir el sol sobre malos y buenos, y que hace llover sobre justos e injustos». (Mateo 5, 45). El sol o la lluvia no eligen o seleccionan sobre quién actúan o no, simplemente irradian su luz u ofrecen su lluvia; así deberíamos ser nosotros.

5. *Sentir las negatividades como si fuesen motas de polvo en nuestros ojos.* Si algo entra en nuestros ojos, es una tortura que nos impide ver. Antes de desarrollar los inconmensurables, deberíamos eliminar nuestras negatividades: ira, envidia, orgullo, resentimiento; no nos permitirán percibir a los demás de forma adecuada.

Aspectos clave en su desarrollo

Todos hemos experimentado alguna vez estas cualidades en situaciones difíciles y, probablemente, han dejado una profunda impronta en nuestras mentes. En estos momentos más desafiantes es cuando las virtudes inconmensurables es menos probable que aparezcan, pero serían nuestros mejores aliados entonces. Lo que las enseñanzas del Buda pretenden es que se estabilicen en nuestro continuo mental para que pasen de ser estados ocasionales y de aparición impredecible a rasgos de personalidad.

Existen una serie de aspectos importantes a la hora de desarrollar estas virtudes inconmensurables (Feldman, 2017):

1. No se desarrollan solo para nuestro propio beneficio, sino para todos los seres. Cada uno de los seres humanos experimenta una historia única de sufrimiento digna de ser comprendida y respe-

tada. No nos centramos solo en aquellos que queremos, necesitamos o se portan bien con nosotros, sino que nuestro compromiso es con todos los seres vivos.

2. NOS PERMITEN ABRAZAR NUESTRO PROPIO E INEVITABLE SUFRIMIENTO A LO LARGO DE LA VIDA, con comprensión, compasión y elegancia. Esto nos incluye en la gran familia de los seres humanos.
3. CONSTITUYEN UN ENTRENAMIENTO INTENCIONAL EN CUALIDADES QUE FACILITARÁN NUESTRA LIBERACIÓN Y QUE PRODUCEN BIENESTAR DE FORMA INMEDIATA. Nos encontramos atrapados por hábitos destructivos y generadores de sufrimiento, mientras que las cualidades inconmensurables son una medicina para nuestro funcionamiento mental. Como ya hemos dicho, el Buda describió en el Discurso de la Bola de Miel que… «Aquello en lo que pensamos da forma a nuestra mente; y las tendencias de nuestra mente determinan nuestro mundo de experiencias».
4. PUEDEN UTILIZARSE COMO SOPORTE DE MEDITACIÓN ATENCIONAL. Podemos usar las frases o las imágenes ligadas a estas cualidades como objeto de atención que impida que aparezcan otros objetos mentales no virtuosos.

Una fórmula básica que se utiliza es (Feldman, 2017):

> Moramos en la bondad amorosa, compasión, alegría empática y ecuanimidad,
> penetran el mundo entero en todas partes.
> Con nuestros corazones llenos de bondad amorosa, compasión, alegría empática y ecuanimidad,
> crecemos grandes, abundantes, inconmensurables y libres de la enemistad y el malestar.

¿Cómo se desarrollan?

Hay que tener en cuenta lo que son las ABSORCIONES. No constituyen un desarrollo intelectual, como ocurre con otras meditaciones discursivas. Inicialmente, desarrollamos de forma consciente y con esfuerzo cada virtud, pero luego nos dejamos absorber por ellas sin esfuerzo.

En las cuatro absorciones, se sigue siempre el mismo proceso, desde lo más burdo a lo más sutil, para desarrollar y conectar con la emoción sublime:

- Primero: hay un razonamiento lógico, una meditación discursiva. Se reflexiona en la cualidad y en sus enemigos lejano y, sobre todo, cercano, porque es lo más fácil de confundir.
- Segundo: se utiliza el nombre de la cualidad y las frases que nos conectan con ella, y se repiten de forma continuada para conectar con la emoción. Es importante aclarar que no son un mantra, por lo que no deben ser repetidos sistemáticamente como se hace en la recitación de mantras. Solo se usan de vez en cuando para generar la emoción.
- Tercero: se genera una imagen o varias imágenes que nos conecten con la emoción.
- Cuarto: se experimenta la emoción pura, sin pensamientos verbales ni visuales, como ocurre con las imágenes, y se permanece en la emoción, como soporte de la atención, con la máxima concentración, como ocurre en los *jhanas*. Si se pierde la conexión con la emoción, es solo entonces cuando nos podemos ayudar con visualizaciones o sonidos simples.
- Quinto: se suelta completamente la idea de esfuerzo; también

la idea de dualidad de nosotros haciendo algo que beneficie a otros. No hay receptor ni emisor, sujeto ni objeto, sino que estamos incluidos dentro de una unidad que engloba todo.

El reto de los *brahmavihāra*s es practicarlos sin distinción entre unas personas y otras, ya que, si predomina alguien sobre otra persona, sigue existiendo un yo que tiene deseos. La ecuanimidad es, por tanto, la cualidad base a cualquier disolución del yo.

La importancia de los retiros en la práctica de los cuatro inconmensurables

¿Qué es un retiro?

Un retiro podría definirse como una práctica intensiva de mindfulness, dirigida por un experto en la técnica y realizada en un entorno aislado de distracciones externas. Con frecuencia, se hace en monasterios o lugares asociados a la práctica que tienden a estar alejados del ajetreo urbano, y la comida suele ser vegetariana para facilitar la práctica. Además, suele recomendarse el aislamiento tecnológico del resto del mundo, evitando el uso de móviles, internet o similares. Con frecuencia, incluyen períodos de silencio («noble silencio» según la tradición), destinado a que las personas no tengan que seguir las convenciones sociales de saludar y hablar, con lo que pueden centrarse más en la práctica. El objetivo del silencio no es divagar o rumiar sobre temas autocentrados, sino facilitar el silencio interno o la ausencia de diálogo interno, aspecto que caracteriza la práctica de mindfulness.

La duración de un retiro es muy variable. Para principiantes, puede durar desde solo un día, sin incluir la noche, hasta un fin de semana. Para practicantes más avanzados, puede durar de cinco a siete días hasta dos semanas. Por encima de estas cifras, no suelen ser retiros de mindfulness como tales, sino ligados a la tradición budista o de otra religión meditativa. En estos casos, la duración puede ser de un mes, tres meses, seis meses, un año o hasta tres años, tres meses y tres días, que es la duración tradicional de los retiros en el budismo tibetano para alcanzar el grado de lama.

La estructuración del tiempo puede ser también muy variable, pero suele empezar sobre las siete de la mañana, con prácticas antes del desayuno, y puede terminar sobre las once de la noche, con alguna actividad después de la cena. Aunque suele incluir períodos de enseñanza teórica, predomina el tiempo de práctica. Debido a la duración y a la intensidad de la práctica, los retiros deben realizarlos solo personas sanas. Aquellos con enfermedades psiquiátricas importantes solo deberían realizarlos si han obtenido el permiso del profesional que los trata, ya que pueden aparecer síntomas psiquiátricos en personas vulnerables.

Eficacia de los retiros

Existen pocos estudios controlados sobre el efecto de los retiros intensivos de meditación con mindfulness centrados en diferentes variables psicológicas en individuos sanos. La principal razón para esta carencia es que estos retiros, que utilizan técnicas de meditación de las tradiciones contemplativas, no están diseñados para mejorar el bienestar psicológico u otras características de las personas sanas (por ejemplo, aumentar la empatía en los sanitarios o la prevención del *burnout* en los docentes), como sí ocurre con las psicoterapias basadas en mindfulness. Por el contrario, estos retiros suelen estar destinados a personas altamente motivadas y con una práctica religiosa intensa. Por otra parte, la heterogeneidad de los estudios es muy marcada, ya que hay grandes diferencias en el tipo de meditación utilizada (yoga, zen, *vipassana*, meditación trascendental...), la duración del retiro (desde una semana hasta tres meses) y las variables evaluadas, que incluyen desde afecto positivo hasta afecto negativo o calidad de vida, entre otras.

El metaanálisis más potente sobre este tema es el de Khoury y su equipo, que analiza 21 estudios sobre retiros que utilizan técnicas meditativas tradicionales. Se concluye que la meditación tradicional es moderadamente eficaz, tanto cuando se comparan los resultados pre- y post-, como cuando se comparan con controles. La eficacia se mantiene en el seguimiento de 6-12 meses. No se observaron diferencias de eficacia entre los diferentes tipos de meditación. Aunque la edad de los participantes no se relaciona con la eficacia del retiro, estos son más eficaces en meditadores noveles, con poca experiencia, que en meditadores experimentados. También son más eficaces en población sana que en población penal. Se sugiere que la eficacia es grande en ansiedad, depresión y estrés, pero moderada en regulación emocional y calidad de vida. El mecanismo de acción más importante parece ser el de los niveles de mindfulness y compasión, mientras que la aceptación solo tiene un efecto moderado. De hecho, el incremento de los niveles de mindfulness predice el 50% de la mejoría clínica. La tasa de abandonos en los retiros de meditación tradicional es baja (menor del 8%), bastante por debajo de la que se encuentra en retiros de técnicas basadas en mindfulness en individuos sanos, que es del 17%.

Para más información sobre la eficacia de los retiros, diríjase a la sección correspondiente del libro *¿Qué sabemos del mindfulness?* de García Campayo y Demarzo. En meditaciones profundas, como las absorciones o *jhanas*, los retiros son imprescindibles para poder estabilizarse en ellas.

Precaución y contraindicaciones de los retiros

Desde una perspectiva clínica, los retiros intensivos no supervisados están contraindicados para algunas poblaciones, principalmente para pacientes con psicosis y con trastorno de angustia, ya que estos retiros pueden desencadenar cuadros psicóticos y crisis de angustia. Por tanto, a estos pacientes se les deben desaconsejar dichos retiros y recomendarlos solo a poblaciones sanas, con enfermedades somáticas o con enfermedades psiquiátricas leves-moderadas, que no incluyan psicosis ni trastorno de angustia. Para una revisión sobre los múltiples efectos no esperados o adversos de la meditación, véase el trabajo de nuestro grupo (Cebolla y cols., 2017).

Eficacia de los retiros frente a la práctica habitual

Aunque no hay suficientes estudios sobre el tema, los datos actuales invitan a pensar que los retiros son mucho más eficaces que la práctica habitual, algo que desde siempre ha defendido la tradición budista. Uno de los cambios neurofisiológicos más consistentes e importantes que produce la meditación es la reducción en la frecuencia respiratoria. Se cree que el entrenamiento en mindfulness podría desarrollar la habilidad de detectar y responder a los estímulos fisiológicos mediante la percepción y modulación de los patrones respiratorios. Este proceso podría ser aprendido y consolidado mejor durante los retiros intensivos de práctica que durante la práctica diaria habitual, y produciría cambios duraderos en el patrón respiratorio.

Así, hay estudios que confirman que la disminución de la frecuencia respiratoria correlaciona con la práctica, pero no con el tiempo de práctica diaria, sino con el tiempo invertido en retiros. No está clara la causa, pero se cree que la razón de esta mejor «consolidación» de los cambios psicológicos que se producen en los retiros es porque en ellos se puede realizar la práctica durante más tiempo al día y más días, a la vez que existe una mínima exposición a estímulos extraños y a demandas ambientales complejas. Por el contrario, la práctica diaria ocurre en un entorno de estímulos frecuentes, estresantes y complejos, los que constituyen nuestro día a día. Este hallazgo podría obligar a evaluar cuál es el mecanismo de acción y cómo se debería planificar la práctica formal.

Se considera que los retiros intensivos deben desempeñar un papel más importante en la formación y en la práctica de mindfulness como ingrediente activo, sobre todo si queremos evaluar el impacto no solo a corto plazo, sino también como una herramienta de cambio de estilo de vida a largo plazo.

4. Los *brahmavihāras* en las tradiciones prebudistas y en el budismo

> Apartado de los placeres sensuales,
> apartado de los estados perjudiciales,
> entré y moré en el primer *jhana*,
> que está acompañado del pensamiento y la investigación,
> con rapto y felicidad nacidos de la reclusión.
>
> BUDA, *Samyutta Nikāya* 28:1

Los *brahmavihāras* en textos no budistas

Las tradiciones prebudistas, como el Brahma-loka, mencionan estas cuatro virtudes, y las fuentes budistas aseguran que dichas virtudes estaban encarnadas en el propio Buda por reencarnaciones previas (Wiltsire, 1990). Según los primeros *sutras*, los antiguos hindúes, llamados *paccekabuddhas*, quienes alcanzaron el *nirvana* antes que el Buda, mencionan todos ellos los inconmensurables (Berzin, 2005; Harvey, 2012). De hecho, las escrituras budistas reconocen que los *brahmavihāras* no son originales de la tradición budista (Berzin, 2005). El Buda nunca afirmó que lo eran, como también reconoció que otros conceptos, como *nirvana* o cesación, eran previos, aunque él les dió un nuevo significado.

Después del Buda, los inconmensurables pueden encontrarse en textos hindúes como los *Yoga Sutras* de Patañjali, en el verso 1.33. También tres de los cuatro inconmensurables (amor bondadoso, compasión y ecuanimidad) se encuentran en las *Upanishads* tardías del hinduismo. En el jainismo, también pueden hallarse, por ejemplo, en el *Tattvarta Sutra* (capítulo 6, sutra 11), aunque en vez de *muditā* (alegría altruista) se usa *pramoda*, una emoción muy similar, que podría traducirse como alegría ante la virtud ajena (Wiltsire, 1990).

También la escuela Bönpo, la religión original del Tíbet previa al budismo, en la terma (textos escondidos con enseñanzas que descubren maestros iluminados) denominada «Una caverna de tesoros», descubierta por Shenchen Luga a principios del siglo xi, se describen estas cualidades (Berzin, 2005). En esta tradición, se mencionan, específicamente, las causas de la felicidad y del sufrimiento, algo que resulta imprescindible para la eficacia de esta meditación, según maestros clásicos como Asanga.

Los *brahmavihāras* y el Buda

Ya se ha comentado que los inconmensurables existían de forma previa al Buda y que Él les dio una nueva interpretación, como hizo con otras enseñanzas prebúdicas, sobre todo, hinduistas (Aronson 1980, Harvey 2001). Curiosamente, en los primeros momentos, seguramente antes de asimilar esta práctica a su doctrina, el Buda los percibía como una práctica menor, y comparaba, de forma desfavorable, «esa práctica» (los inconmensurables) con «su práctica» (el Noble Óctuple Sendero), como observamos en el *Digha Nikāya* (Aronson, 1980):

> [...] esa práctica no conduce a no volver a renacer, al desapasionamiento, a la quietud, a la cesación, al conocimiento directo, a la iluminación ni al *nirvana*, solo conduce a renacer en el mundo de Brahma.
> [...] mi práctica conduce al completo no renacer, al desapasionamiento, a la quietud, a la cesación, al conocimiento directo, a la iluminación y al *nirvana* (*Digha Nikāya* II, 251).

Según Gombrich (1997), el uso inicial de los *brahmavihāra* por el Buda se refería a un estado de la mente despierto y una actitud hacia los seres que era como «vivir con Brahma» en el momento presente. La tradición posterior tomó estas descripciones muy literalmente, ligándolas a la cosmología, y entendió que era renacer en el mundo de Brahma. Algunas de las referencias a los cuatro inconmensurables en los *sutras* son:

1. El *Tevijja Sutta* o Sutra del Triple Conocimiento (*Digha Nikāya* 13, 4). En él, Shakyamuni fue preguntado sobre la forma de unirse a Brahma. Explicó que él, personalmente, conocía ese mundo, y explicaba el método meditativo usando la analogía sobre la resonancia al hacer sonar una concha:

> Un monje baña el mundo en las cuatro direcciones con una mente llena de benevolencia, tanto por encima, como debajo, como alrededor. El mundo entero, desde todos los ángulos, con una mente benevolente, que todo lo abarca, grande, sin límites, repleta de paz y amistad. Igual que una persona que toca la concha soplando en ella

poderosamente, se hace oír en las cuatro direcciones sin esfuerzo, así no hay límites al despliegue de esta benevolencia que surge del corazón. Esta es una forma de comunión con Brahma.

El Buda dijo entonces que el monje debe seguir este modelo y bañar completamente el mundo con sus proyecciones mentales de compasión, alegría empática y ecuanimidad, mirando a todos los seres por igual.

2. El único inconmensurable que tiene un *sutta* propio es *mettā*. En el *Aṅguttara Nikāya* 4, 125, el *Mettā Sutta* dice que aquellos que practican en esta vida los cuatro inconmensurables y mueren sin perderlos están destinados a renacer en un reino celestial en la próxima vida. Además, si esa persona es un discípulo y realiza las tres características o marcas de la existencia, alcanzará el *nirvana*.
3. En otros *sutta* del *Aṅguttara Nikāya*, se pone como ejemplo a la mujer laica Sāmāvatī como alguien que ha alcanzado los máximos niveles de bondad amorosa. Se describe una circunstancia en que, debido a su poder espiritual, no fue dañada por una flecha que le dispararon (Malalasekera, 1938).

Los cuatro inconmensurables en la tradición Theravada

En la escuela Theravada, los cuatro inconmensurables derivan del Sutra de las Moradas de Brahma (*Brahmavihāra Sutta*), encontrado en el *Aṅguttara Nikāya*. En él, el Buda especifica que estos estados se encuentran libres de apego, repulsion e indiferencia, y están acompañados de atención y alerta. Se encuentran incluidos en los famosos tratados de meditación theravada recogidos en «El Camino de la Liberación» (*Vimuttimagga*) de Upatissa, en el siglo I, «El Camino de la Purificación» (*Visuddhimagga*) de Buddhaghosa, a principios del siglo V, y el «Compendio de Puntos de Temas Especiales de Conocimiento» (*Abhidhammattha-sangaha*) de Anuruddha, en el siglo IX.

Se denominan las «moradas de Brahma» porque los cuatro reinos de Brahma del mundo de la forma corresponden a las cuatro actitudes inconmensurables y a las cuatro absorciones, *jhanas* o niveles de estabilidad mental. En el primer reino de Brahma, los dioses muestran amor inconmensurable; en el segundo, compasión inconmensurable; en el tercero, alegría inconmensurable, y en el cuarto, ecuanimidad inconmensurable.

Los cuatro inconmensurables están incluidos en la lista theravada de los 52 factores mentales. Lo que buscan los cuatro inconmensurables es:

- Que todos los seres estén bien, sean felices.
- Que todos los seres estén libres del sufrimiento y de sus causas.
- Alegrarse del bienestar y de los esfuerzos constructivos de los seres por encontrar la «liberación».
- Ser ecuánime hacia ellos, en el sentido de no involucrarse excesivamente ni ser indiferente, ya que la liberación solo se alcanza por los esfuerzos individuales de cada uno.

Vasubandhu explica que aquellos que son capaces de percibir las buenas cualidades en cualquier persona también son capaces de desarrollar amor rápidamente. La presencia o ausencia de buenas o malas cualidades en la actualidad es debida a la maduración del karma positivo o negativo de esa persona.

La falacia de las categorías amigo-enemigo-neutro, descrita por el erudito hindú Kamalashila en el siglo VIII, es una práctica auxiliar a los *brahmavihāras* que resulta especialmente útil como preparación y que describimos en el capítulo 5.

La tradición Mahāyāna

En esta tradición, los cuatro inconmensurables están citados en:

- El Sutra de Loto Blanco del Dharma Santificado (sánscrito: *Saddharmapundarika-nama Mahayana* Sutra; *The Lotus Sutra*).
- El Sutra de la Gran Liberación Final de todas las Penas (sánscrito: *Mahaparinirvana* Sutra).

La tradición Nichiren del budismo japonés interpreta los cuatro inconmensurables exactamente igual que el Theravada. En otro *sutra* Mahāyāna, «El Sutra enseñado por Arya Akshayamati (sánscrito: *Arya Akshayamati-nirdesha Sutra*), se describen los resultados de la práctica de cada uno de los inconmensurables:

- La práctica del amor bondadoso produce renacer libre de daño.
- La práctica de la compasión, renacer con raíces estables.
- La práctica de la alegría, renacer evitando la enfermedad física, desarrollar firmes creencias sobre lo que es verdad, y con gran alegría mental.
- La práctica de la ecuanimidad permite renacer sin estar agitado por la felicidad y la desgracia.

Los cuatro inconmensurables también aparecen en textos hindúes Mahayana, *Una Filigrana de Realizaciones* (sánscrito: *Abhisamayalamkara*), un comentario del futuro Buda Maitreya sobre los *Sutras de la Prajnaparamita*. En este texto se cultivan las cuatro actitudes como una de las nueve prácticas del *bodhisattva*. Maitreya asegura que estas actitudes pueden desarrollarse todavía en el reino del deseo y, entonces, no son inconmensurables. Solo son inconmensurables cuando se desarrollan dentro de uno de los estados de estabilidad mental llamados estados de absorción o *jhanas*.

El gran maestro tibetano Tsongkhapa del siglo xiv y fundador de la escuela Gelugpa, en un comentario a un texto anterior llamado *Rosario Dorado de Excelentes Explicaciones*, explica que los *bodhisattvas* deben practicar los cuatro inconmensurables junto a las seis *paramitas* no solo junto a un nivel de estabilidad mental como son los *jhanas*. Según él, si no se desarrollan con las *paramitas*, solo servirán para renacer en el reino de Brahma, pero no para alcanzar la iluminación.

Orden de desarrollo de los cuatro inconmensurables en relación con la *bodhicitta* y entre ellos
(Berzin *et al.*, 2005)

En la tradición Theravada, la mayor parte de los maestros recomienda empezar con la bondad amorosa y seguir el orden clásico descrito: compasión, alegría empática y ecuanimidad. La *bodhicitta* no es un tema relevante en esta tradición. Sin embargo, las tradiciones tibetanas discrepan sobre cuándo desarrollar los cuatro inconmensurables dentro del camino del *bodhisattva*, así como con qué cualidad empezar.

a) Los cuatro inconmensurables antes que la *bodhicitta*

Para algunos, como el sabio maestro hindú de finales del siglo x, Atisha, en su Autocomentario a los puntos difíciles de la lámpara para el camino de la iluminación, consideran que los cuatro inconmensurables deben preceder a la *bodhicitta*.

Algunas de las escuelas tibetanas del budismo Vajrayana, que siguen los textos de Atisha, prefieren empezar por la ecuanimidad. El maestro del siglo xiv Longchempa es un buen ejemplo. En su libro *Descanso y restauración de la naturaleza de la mente*, afirma que los inconmensurables deben ser previos a la *bodhicitta* y que el orden de estos es indiferente, aunque los principiantes deben empezar por la ecuanimidad. De lo contrario, las otras tres cualidades las desarrollarán de manera parcial.

Longchempa insiste en que debemos desarrollar:

- la emoción hacia todos los seres (por ejemplo, amor incondicional, compasión, etcétera, a todos los seres sin distinción), y
- el deseo de que todos los seres desarrollen también estas emociones.

Inicialmente, los inconmensurables serán limitados, haciendo primero distinciones entre categorías (amigo-enemigo-neutro), y, cuando posteriormente desaparezcan, seguirá la distinción entre yo y los otros. Con el tiempo y conforme nos instalemos en la auténtica mente no dual, desaparece también esa distinción. Considera, además, que cada uno de los inconmensurables elimina las emociones perturbadoras relacionadas y nos sumerge en el despertar profundo que subyace en cada inconmensurable. Así:

- La bondad amorosa disuelve la ira y el odio, y nos sumerge en el despertar profundo similar a un espejo.
- La compasión disuelve el deseo y el apego, y nos sumerge en el despertar profundo que individualiza, que potencia la consciencia del yo.
- La alegría empática disuelve los celos y la envidia, y nos sumerge en el despertar profundo que realiza.
- La ecuanimidad disuelve el orgullo y la arrogancia, y nos sumerge en el despertar profundo que nos iguala, llegando posteriormente al despertar profundo de la realidad.

El famoso maestro Nyngma Patrul Rimpoche, autor del manual de referencia *Las palabras de mi maestro perfecto*, también defiende que los inconmensurables deben ir antes de que la *bodhicitta*, y que se debe empezar por la ecuanimidad. Correlaciona la meditación de los cuatro inconmensurables con los siete estados del *bodhisattva* descritos por el erudito Asanga en su libro *Estadios de la mente del bodhisattva*. Estos siete estados son: 1) desarrollar ecuanimidad, 2) reconocer a todos los seres como nuestras madres en vidas pasadas, 3) recordar la bondad materna, 4) apreciar y desear reparar tanta bondad, 5) desarrollar amor y compasión, 6) desarrollar una resolución excepcional, y 7) desarrollar la mente de la *bodhicitta*.

b) La *bodhicitta* antes de los cuatro inconmensurables

Para otros, la *bodhicitta* debe preceder a los cuatro inconmensurables. Así lo defiende Maitreya en su libro *Una Filigrana de Realizaciones*. También algunos maestros gelugpa prefieren situar la *bodhicitta* antes de los cuatro inconmensurables, siguiendo las enseñanzas de Maitreya y Asanga. Y sitúan la ecuanimidad como primer inconmensurable que practicar. Dos ejemplos son:

- El Cuarto Panchen Lama, quien lo describe en su libro *El yoga de seis sesiones de forma extensa*, y
- El maestro del siglo XIX Dagpo Jampel-Lhundrub, en su libro *Un texto ritual de las prácticas preparatorias*.

La razón para este orden la explica el maestro del siglo XX Pabongka Rinpoche: «Los cuatro inconmensurables no son una práctica para desarrollar la *bodhicitta*, sino para fortalecerla una vez que esta se ha desarrollado». Considera que los *brahmavihāra*s también fortalecen la *bodhicitta*, al eliminar las interferencias a su desarrollo. En este libro, Pabongka describe cuatro actitudes inconmensurables que son necesarias:

- Intención inconmensurable: «Qué maravilloso sería que todos los seres estuviesen libres del sufrimiento y de sus causas».
- Aspiración inconmensurable: «Que los seres puedan estar libres del sufrimiento».
- Resolución inconmensurable: «Que pueda hacer que ellos estén libres del sufrimiento».
- Petición inconmensurable: «Para ser capaz de hacer esto, gurú y deidades, os pido inspiración».

Los sakyas y varias escuelas Kagyu, como la Karma Kagyu, Drigung Kagyu y Drugpa Kagyu, sitúan la *bodhicitta* antes de los cuatro inconmensurables y, dentro de estos, prefieren empezar con la bondad amorosa.

También es similar en algunos textos gelugpa, como los del 7.º Dalái Lama (siglo XVIII) y el actual 14.º Dalái Lama. Estas escuelas sitúan la bondad amorosa como la primera práctica, y la ecuanimidad, como último inconmensurable. La razón está en que consideran que las personas que aún no han alcanzado la completa felicidad es porque aún no han desarrollado la ecuanimidad. Hay también una variante gelugpa, el linaje Luipa de Chakrasamvara, enseñado por el Cuarto Panchen Lama, que sitúa la compasión como el primer inconmensurable que desarrollar. Situar la compasión antes que la bondad amorosa ocurre también en la práctica de *tonglen* («dar y tomar»).

Conclusiones

Hemos podido comprobar que la práctica de los *brahmavihāras* es anterior al propio Buda. Y también hemos conocido cuántas formas diferentes puede tomar esta práctica en las diferentes escuelas budistas. Tanta variedad no debe ser entendida como contradictoria, sino como una muestra de la riqueza que permite la práctica meditativa y los diferentes enfoques que se pueden enfatizar.

Siguiendo a Berzin (2005) y poniendo la bondad amorosa como ejemplo, las frases que resumen la emoción que queremos desarrollar podrían ser todas estas:

- Que todos los seres tengan felicidad física y psicológica, que nunca estén separados de ella.
- Que tengan la felicidad de un ser ordinario, la de un buen renacimiento y la de un Buda.
- Que disfruten de la felicidad y de las causas de la felicidad.

- Ecuánime respecto a la felicidad e infelicidad, y a los ocho vientos mundanos (concepto que se desarrolla en capítulos posteriores).
- Ecuánime respecto a todos los seres vivos, deseando que todos se beneficien igual.
- Libre de apego-rechazo-indiferencia hacia ellos, y del sentimiento de cercano o distante.
- Ecuánime respecto a todos los seres, sin demasiada involucración ni indiferencia, ya que, en última instancia, la liberación solo se alcanza mediante el propio esfuerzo.
- Que perciban la vida con un único sabor, propio de la naturaleza de la vacuidad.

Para que estas cuatro actitudes sean inconmensurables se requiere:

- Que se dirijan a todos los seres por igual y sin excepción.
- Que se acompañen de las seis perfecciones.
- Que se alcance al menos el primer *jhana*, o absorción, y uno de los tres tipos de despertar discriminativo.

Respecto al orden de inicio de los cuatro inconmensurables, mi experiencia con practicantes occidentales es que la bondad amorosa es el inicio más apropiado. Es una forma sencilla de entrar, antes de familiarizarse con la compasión, que ya esta nos confronta claramente con el sufrimiento. La ecuanimidad es un concepto demasiado complejo y radical para muchos occidentales y que produce mucha animadversión, acostumbrados como estamos a la polarización bien/mal y a castigar a quien realiza obras negativas como un hecho de justicia natural.

5. Meditaciones previas que facilitan la práctica de los *brahmavihāras*

Aquello sobre lo que uno frecuentemente piensa
y sobre lo que reflexiona,
eso se convertirá en la inclinación de su mente.

BUDA, *Majjhima Nikāya* 78

Las enseñanzas budistas se estructuran unas sobre otras de forma transversal. En las tradiciones Mahāyāna y Vajrayāna, la *bodhicitta*, el deseo de que los demás seres se liberen, es la motivación universal para todas las acciones. Los *brahmavihāras* conectan con esta aspiración, ya que deseamos que los seres sean felices y estén libres del sufrimiento, pero también, y especialmente, que estén libres «de las causas del sufrimiento». Por eso, hemos comprobado cómo algunos maestros consideran que la *bodhicitta* debe ser previa a los cuatro inconmensurables, y viceversa.

En nuestra experiencia, las meditaciones sobre los cuatro inconmensurables suelen resultar difíciles para el estudiante occidental actual. Hay prácticas que nos pueden ayudar a generar estas actitudes. Algunas meditaciones han sido desarrolladas durante siglos por las tradiciones espirituales y otras han venido de la mano de la psicología. En este capítulo incluimos algunas que nos parecen fundamentales:

1. La falacia de las categorías de Kamalashila.
2. El sufrimiento que nos produce la relación con los otros seres.
   a) El sufrimiento producido por los enemigos: el odio.
   b) El sufrimiento producido por los amigos:
      el sufrimiento de la separación, y
      el sufrimiento del contagio emocional.
3. La estructura de la compasión y las principales dificultades: el merecimiento, la perspectiva de la carencia y el contagio emocional.

1. La falacia de las categorías
(García Campayo, 2022)

Esta es una práctica descrita por Kamalashila, el erudito budista hindú del siglo VIII. Los seres humanos dividimos el mundo en tres grandes categorías: lo que nos gusta, lo que no nos gusta y lo que nos es indiferente. Lo mismo hacemos con las personas, a quienes clasificamos como amigos, enemigos e indiferentes. Pero, realmente, esta clasificación no tiene mucho sentido porque estas categorías solo dependen de nosotros, son subjetivas: alguien que es enemigo nuestro seguro que tiene también amigos, y alguien que es nuestro amigo seguro que también ha generado enemigos y personas a quien no les cae bien. Estas etiquetas son también impermanentes, cambiantes a lo largo del tiempo, ya que todos tenemos amigos que hemos perdido y que incluso han pasado a ser enemigos, y viceversa.

Práctica
La falacia de las categorías

Paso 1. Amigos que pasan a ser indiferentes o enemigos

Traemos a nuestra mente a varias personas; la primera de ellas puede ser un «amigo» con el que, a lo largo de nuestra vida, hayamos perdido la relación y no sepamos nada de él, que se ha convertido en alguien «indiferente» para nosotros. La segunda persona es alguien a quien probablemente queríamos mucho o nos llevábamos bien, pero, tras haber tenido dificultades en nuestra relación, ha terminado convirtiéndose en un «enemigo». A menudo, este proceso se produce con las exparejas, aunque también es frecuente en amigos y en personas con las que existe un relación estrecha y que nos hemos decepcionado mutuamente.

Nos quedamos unos segundos sintiendo cómo fue el proceso y cómo era inimaginable que estas personas tan importantes para nosotros en el momento en que nuestra relación era más intensa se pudiesen convertir en indiferentes o, incluso, en enemigos. Sabemos que este proceso puede volver a ocurrir incluso con las personas más queridas en este momento.

Paso 2. Indiferentes que se convierten en amigos y enemigos

Podemos seleccionar ahora a cualquiera de nuestros amigos y ver cómo, antes de que fuese amigo, era una persona indiferente y, mediante un proceso progresivo de conocimiento y relación, se convirtió en el amigo que es ahora. Pensemos también en algún enemigo que no haya sido amigo antes, como compañeros de trabajo o vecinos. Eran inicialmente indiferentes, pero tras un cruce de palabras, una discusión o una conducta, los consideramos enemigos y nos caen mal.

Paso 3. Enemigos que se convierten en amigos o indiferentes

Podemos pensar también en algún enemigo o persona con quien nos llevábamos mal y que, por determinadas circunstancias externas (por ejemplo, ha podido ayudarnos por alguna razón o es posible que, con el tiempo, haya mejorado nuestra relación), han acabado convirtiéndose en amigos. Es frecuente con familiares con los que nos reconciliamos o con amigos con los que hemos discutido. También podemos pensar en enemigos que se han trasladado de ciudad, o con los que no tenemos apenas trato, y que progresivamente se han convertido en indiferentes para nosotros.

Paso 4. La inestabilidad de nuestras relaciones actuales
Si vemos la foto de algún acontecimiento significativo de hace 20 años, como una boda o un bautizo, comprobamos que muchas de las personas que estaban en esa foto ya no tienen ningún peso en nuestras vidas. Lo mismo ocurrirá con nuestro actual entorno de amigos y enemigos si pensamos cómo será nuestra vida en 5, 10 o 20 años. Algunos de nuestros actuales amigos serán entonces indiferentes o enemigos. También habrá nuevos amigos que antaño nos resultaban indiferentes, y es posible que algunos de nuestros futuros enemigos sean ahora grandes amigos. Nos quedamos unos segundos pensando en ello.

Es decir, comprendemos que estas categorías que nosotros mismos generamos son:

a) Impermanentes (una de las tres marcas de la existencia): están cambiando continuamente con el tiempo.
b) Subjetivas (esto podría equipararse a «ausentes de yo, de sustancia», otra de las tres marcas de la existencia). No dependen solamente de la otra persona, sino de la relación con nosotros. Nuestro mejor amigo seguro que tiene también enemigos. Y nuestro mayor enemigo seguro que tiene buenos amigos. Si fuesen por naturaleza buenos o malos, solo tendrían amigos o enemigos, respectivamen-

> te, pero nunca ocurre así, porque la cosa depende de la relación con nosotros; y con cada persona establecen una relación diferente, igual que nosotros.
>
> Por tanto, nuestra relación con las demás personas debe ser ecuánime, desde una perspectiva global de toda nuestra vida, no desde una foto fija temporal que siempre va a cambiar. Por otro lado, mantenernos en esta distinción constante de amigo (persona a la que quiero), enemigo (ser al que odio) e indiferente o neutro (alguien que pasa desapercibido o que me da igual) refuerza sentimientos de aislamiento, evitando sentirnos conectados a otras personas.
>
> Podríamos conectar con la «metáfora del autobús»: nuestra vida es el autobús que conducimos desde la primera estación, que es el nacimiento, hasta la muerte, que es la última parada. En cada estación de nuestra vida hay personas que suben y bajan del autobús continuamente, y algunas a las que echamos a patadas del autobús de nuestra vida. Debemos ser conscientes de ese cambio continuo y desarrollar ecuanimidad. Nos quedamos unos segundos reflexionando sobre estos temas y, cuando consideremos que es adecuado, ponemos fin a la práctica.

2. El sufrimiento que nos produce la relación con los otros seres

El Buda describió los cuatro sufrimientos básicos del ser humano: nacimiento, vejez, enfermedad y muerte. La psicología y el mindfulness han mantenido la clasificación de sufrimientos primarios o básicos, eliminando el nacimiento, porque no vamos a volver a experimentarlo en esta vida. En broma, se dice que al Buda se le olvidó un sufrimiento muy intenso: el que nos producen los otros seres humanos, «el sufrimiento producido por los otros».

Todo el sufrimiento producido por los otros puede resumirse en tres tipos de sufrimiento. Esta clasificación es tremendamente útil y clarificadora. Los sufrimientos producidos por otros dependen de su categorización y varían según sean amigos, enemigos o indiferentes. Como es fácil imaginar, los indiferentes no nos producen ningún sufrimiento. Los enemigos nos producen el sufrimiento del odio, lo que se trabaja con el perdón. Y los amigos nos producen dos tipos distintos de sufrimiento: 1) el producido por la separación, y 2) el producido por el contagio emocional.

a) El sufrimiento producido por los enemigos: el odio

El manejo del odio que nos producen las personas que nos caen mal o nos desafían se realiza con el perdón. El *Diccionario de la Real Academia Española* define *perdón* como «remisión de la pena merecida, de la ofensa recibida o de alguna deuda u obligación pendiente». El concepto del perdón es nuclear en muchas religiones, como la cristiana, en la que se considera la máxima manifestación del amor. Sin embargo, uno de los mayores problemas es que el perdón se ha entendido como una «obligación» en el seno de muchas religiones. Esta visión del perdón como algo forzado y exigible se encuentra también en el Evangelio de Mateo: «Si perdonáis a los hombres las ofensas, vuestro Padre del cielo os perdonará a vosotros; pero si no perdonáis a los hombres, tampoco vuestro Padre os perdonará vuestras ofensas» (Mateo 6,14-15).

Los seres humanos basamos las relaciones interpersonales en la reciprocidad. Si hacemos algo positivo por alguien, esperamos que esa persona nos corresponda en algún momento, no tiene por qué ser en el presente, pero sí en el futuro, y, de alguna forma, no necesariamente con la misma intensidad, pero sí en alguna proporción. De hecho, las relaciones de pareja y de amistad suelen basarse en este principio; y si no existe un mínimo de reciprocidad, la relación tenderá a romperse. La generación de daño a otra persona rompe la reciprocidad y exige reparación. El individuo dañado espera venganza o ser compensado por el daño. De no ser así, siente que existe alguna forma de injusticia.

Cuando una persona es dañada, las alternativas básicas a la acción de perdonar son:

• *La venganza.* Constituye la respuesta más obvia, y subyace en todos los pueblos primitivos con la denominada ley del talión (del latín *talis* o *tale*, que significa «similar»). Obligaba a que la retribución fuese exactamente igual a la pena causada, como se describe en la famosa sentencia «Ojo por ojo y diente por diente» (Éxodo 21,23-25 y Levítico 24,18-20).

• *El odio mantenido.* En muchos casos, por motivos éticos o por otras razones, el individuo no puede devolver el odio como venganza. Si no perdona, la única opción es mantener el odio hacia quien le ha causado el daño, a menudo de por vida. Este odio produce un estrés crónico que puede ser fuente de múltiples enfermedades físicas y psicológicas.

Son múltiples las resistencias que podemos tener para perdonar. Las principales son las siguientes:

• *Perdonar no implica que no se haga justicia.* Si el individuo que nos ha hecho daño ha cometido un delito, la justicia siempre debe actuar sobre él, no se le debe disculpar. Lo contrario reforzaría el delito en la sociedad, al no tener consecuencias. El perdón es básicamente un acto interno, que beneficia a la víctima, y que consiste en acabar con las rumiaciones continuas de odio/victimismo por el suceso ocurrido.

- *Perdonar no es negar el daño.* La negación es el mecanismo de afrontamiento más primitivo, y es frecuentemente utilizado por los niños o por los psicóticos. El inicio del proceso de curación y perdón va asociado a la toma de conciencia del daño, al reconocimiento de la realidad del dolor. Si no se reconoce el daño, no se puede producir curación.

- *Perdonar no implica olvidar.* La amnesia de los sucesos dolorosos es un mecanismo inconsciente de la mente para protegerse. Sin embargo, el trauma volverá a exteriorizarse en algún momento y de alguna forma, como síntomas somáticos o fobias. Perdonar no es olvidar, sino superar de forma satisfactoria el trauma, minimizando las consecuencias negativas en el resto de nuestra vida.

- *Perdonar no es un proceso inmediato, sino progresivo.* Cuando dos niños se pelean, los adultos tienden a decirles que se perdonen. Esa expectativa de los adultos es infantil: el perdón no es un proceso inmediato que pueda forzarse de forma voluntaria. El perdón requiere realizar el duelo por la pérdida, regular la emoción de la ira que suele surgir de forma espontánea, trabajar la sensación de injusticia percibida y construir una reacción resiliente. Es un proceso curativo que a veces solo se consigue con psicoterapia y que puede llevar desde semanas a años si es que se consigue.

- *Perdonar no es una obligación, sino que tiene que ser siempre un proceso voluntario.* Ya hemos comentado que el perdón como algo obligatorio está muy ligado a la concepción cristiana de la vida, porque se ha entendido como un requisito imprescindible para el perdón de Dios (Mt 6,14-15). Algunos expertos cristianos, como Monburquette (1995), niegan esta visión y aseguran que estas palabras de Mateo iban dirigidas a los judíos de la época, imbuidos en la ley del talión.

- *Perdonar no implica reconciliación.* Perdonar no implica que uno vuelva a tener relación con esa persona, ni mucho menos que sea como la que se tenía antes. De hecho, en casos de maltrato o de *mobbing* y *bullying*, la recomendación terapéutica es que la víctima no vuelva a tener trato con el agresor; pero esto no es incompatible con el perdón a nivel mental.

Los principales recursos terapéuticos para poder generar perdón son los que resumimos a continuación:

1) *Reconocimiento de que la libertad en la conducta de los seres humanos es limitada.* Uno de los pensamientos que nos produce gran sufrimiento es rumiar que, cuando otra persona se comporta con nosotros de una forma que no nos gusta o que nos daña, lo hace voluntariamente, de forma intencional; es decir, que actúa específicamente para hacernos daño. Si el suceso negativo que nos ocurre es por causa natural, por ejemplo, un accidente por un desprendimiento de rocas, tiene mucho menor impacto psicológico en el individuo.

   Desde hace décadas, los psiquiatras como Freud, hablaban de que «la biografía es el destino». Las circunstancias que un individuo ha experimentado a lo largo de su vida mediatizan de forma importante todas sus acciones. Cuando pensamos que nosotros actuaríamos de forma muy diferente –y mejor– que la persona a la que juzgamos, deberíamos entender que, si hubiésemos tenido la misma biografía, seguramente estaríamos haciendo lo mismo. Lo que nos salva de esa conducta, y de ese destino, es haber disfrutado de una infancia mejor.

Los científicos conductuales actuales consideran que, con el bagaje genético-biológico y educativo de un individuo, en una situación determinada, su conducta es muy predecible y sería similar para todos los seres humanos. Si podemos asumir que quien nos hace daño es víctima de sus circunstancias, que es casi imposible que pueda actuar de otra manera, el sufrimiento que nos producirán sus acciones será menor, y la aceptación del hecho, mayor. Obviamente, esta forma de pensar es independiente de que todo el peso de la ley caiga sobre esa persona. Lo que intentamos es no cronificar unos sentimientos de odio que nos dañan.

En suma, es importante no personalizar las acciones de los otros. Si los otros nos hacen daño, NO ES POR NOSOTROS, no lo hacen para fastidiarnos, sino que lo hacen por ellos mismos, porque no pueden actuar de otra manera, ya que son víctimas de sí mismos. Esta visión en la tradición budista se denomina «NO PERSONALIZAR», es decir, no tomarnos nada de lo que nos ocurre en la vida personalmente, como si ocurriese por nosotros. Esta visión requiere unos ciertos niveles de deconstrucción del yo, por eso no es fácil desarrollarla.

2) *La repercepción positiva.* Es uno de los mecanismos terapéuticos más eficaces cuando nos han ocurrido sucesos negativos. Consiste en no centrarse en los aspectos negativos asociados al suceso, a los cuales solemos quedarnos aferrados, ni sobreidentificarse con ellos, sino hacerlo en los aspectos positivos que ha podido generar esa situación. Estos aspectos positivos, incluso en la

situación más adversa, como la muerte de un hijo, siempre son de dos tipos:

– *Aprendizaje y resiliencia.* Si he podido superar/sobrevivir/adaptarme a una situación tan negativa como esta, puedo afrontar cualquier otra situación en la vida, porque seguramente no será tan adversa; es decir, me ha hecho más fuerte.

– *Ayuda a los demás.* Lo que he aprendido en todo este proceso puede servir de ayuda a otras personas que estén en mi situación. Puedo sentirme útil sabiendo que mi experiencia ha servido para que otras personas no sufran tanto. Por tanto, puedo dar un sentido a mi sufrimiento, ayudando a disminuir el sufrimiento de los demás.

Práctica: El perdón

Podemos sentarnos en la postura de meditación habitual.
Hacemos unas cuantas respiraciones conscientes y sentimos el cuerpo en su conjunto. Si, en algún momento, la práctica nos parece demasiado intensa emocionalmente, volvemos a la respiración o al cuerpo. Cuando la emoción se haya calmado, lo que facilitaremos centrándonos en las sensaciones corporales asociadas a la emoción, podemos darnos afecto a nosotros mismos por estar sufriendo en este momento. La práctica consta de dos partes:

**1. Hacernos conscientes del daño que hemos hecho
a lo largo de nuestra vida**
Es una reflexión que casi nunca hacemos. Podemos hacer un repaso general de nuestra vida por décadas e identificar a las principales personas a las que hayamos podido causar daño. Es posible que nos asombremos de su número. El hecho de recordarlas puede producirnos inicialmente

más dolor, pero tendríamos que observarlo sin juzgar y aceptar que es así. Los sentimientos de culpa son inútiles. La idea es reconciliarnos con nosotros mismos y ser más conscientes de la imposibilidad de no causar daño a otros. Y, en la medida de lo posible, reparar el daño hecho a esas personas o, si han fallecido o no podemos ponernos en contacto con ellas, reparar el daño hecho devolviendo al mundo obras generosas.

Estructuramos nuestra vida por décadas. Si analizamos de los 0 a los 10 años, podemos pensar en hermanos u otros familiares menores que nosotros a los que pudimos molestar, compañeros de colegio a los que pudimos hacer algún tipo de *bullying*, o quizá en nuestros padres, a los que hicimos sufrir por la causa que fuese. De los 10 a los 20 años podemos pensar en amigos a los que decepcionamos, primeras parejas con las que igual no fuimos cuidadosos con sus sentimientos, compañeros de estudios a los que pudimos hacer *bullying*, padres que sufrieron mucho con nuestra adolescencia. En el resto de décadas, podemos pensar en exparejas que quedaron muy afectadas por la ruptura, amigos que hemos decepcionado, compañeros de trabajo o subordinados que sienten que les hicimos algún tipo de *mobbing*, hermanos con los que tuvimos problemas por envidias o por el reparto de una herencia, padres que sintieron que no les cuidábamos lo suficiente o no cumplíamos con sus expectativas, hijos que sienten que no les hemos dedicado suficiente tiempo o cariño. Comprobaremos que la lista de quienes hemos perjudicado es muy amplia.

Podemos elegir a las tres personas a las que, según ellas, más daño les hemos causado. Hay que tener en cuenta que, en algunos casos, nosotros no sentiremos que les hayamos perjudicado. Como siempre en los seres humanos, todo es una interpretación subjetiva. Si analizamos las causas de por qué les hicimos daño, comprobaremos que...

- En algunas ocasiones, ni siquiera fuimos conscientes del daño causado, porque ese hecho a nosotros no nos produciría malestar.

- En otras ocasiones, sabíamos que nuestra conducta produciría sufrimiento a otra persona, pero, o bien considerábamos que no teníamos otra alternativa, o bien, si había varias opciones, pensábamos que esa era la mejor. Por supuesto, la mejor para nosotros, porque esa es siempre nuestra elección.
- Por último, en algunos casos, el daño que hicimos fue voluntario y consciente. Pero seguro que en ese momento considerábamos que era legítimo, porque esa persona nos habían causado daño antes, o porque, cegados por nuestro propio sufrimiento, no pudimos ser sensibles al malestar de los demás. Nos quedamos unos segundos pensando en todo ello.

Traemos a nuestra mente a todas las personas a las que hayamos podido dañar y comprobamos que, a muchas de ellas, no les hemos pedido perdón. No es necesario hacerlo realmente, sino darnos cuenta de que a) es difícil emocionalmente pedir perdón, un requisito que, seguramente, exigimos a la gente que nos ha hecho daño, y b) que podemos pedir perdón internamente, y ese hecho es ya muy poderoso a nivel psicológico para nuestro bienestar.

Podemos pedir perdón individualmente, siempre a nivel mental, interno, a las personas que más daño sentimos que hemos hecho y, además, pedir perdón de forma colectiva a todos ellos. Para eso, podemos usar una frase del tipo «A cualquiera que haya podido herir o dañar, consciente o inconscientemente, a lo largo de mi vida, le pido perdón». Si surge alguna imagen o recuerdo de alguna persona concreta a la que sentimos que le hemos generado más sufrimiento, repetimos abrazándonos, como si les abrazásemos a él o a ella: «Te pido perdón». Nos mantenemos algún minuto con las dos o tres personas con las que sentimos que hemos tenido mayor conflicto. Las podemos abrazar, pedir perdón o transmitirles aquello que consideremos oportuno.

Posteriormente, podemos enviarles todo nuestro amor usando las frases empleadas en *mettā*: «¡Ojalá todo te vaya bien! ¡Que puedas ser feliz! ¡Que alcances la paz!». Cuando consideremos que podemos terminar, hacemos unas cuantas respiraciones conscientes, sentimos el cuerpo en su totalidad y abrimos los ojos dando por finalizada la práctica.

Pedir perdón nos hace conscientes del daño que nosotros hemos hecho. El objetivo no es aumentar nuestra culpa, sino disminuirla al pedir perdón (incluso aunque la persona ya haya muerto). También nos conecta con la inevitabilidad de hacer daño y que nos lo hagan a nosotros en un mundo imperfecto como este, así como con la dificultad de la persona que hace daño para pedir perdón (una expectativa que es muy probable que hayamos tenido con personas que nos han dañado).

2. Entender el daño que nos han hecho a lo largo de nuestra vida
A las personas que nos han hecho daño, con mayor o menor intensidad, las consideramos enemigas, también con mayor o menor intensidad. Dar afecto/compasión suele resultar complicado si ha habido cierto daño. Un primer paso muy valioso es el perdón, porque ya es muy curativo. Si estamos preparados, además podemos enviarles nuestra compasión. La siguiente práctica está pensada para el daño natural que otras personas nos hacen en la vida. **Si hay situaciones de trauma, no va a ser suficientemente útil porque se requiere psicoterapia específica para el trauma.**

Podemos sentarnos en la postura de meditación habitual. Hacemos unas cuantas respiraciones conscientes y sentimos el cuerpo en su conjunto. Si en algún momento la práctica nos parece demasiado intensa, volvemos a la respiración o al cuerpo. Podemos hacer un repaso general de nuestra vida e identificar las principales personas que nos han causado daño. El hecho de recordar todo esto puede producirnos más dolor, por eso procuramos no perdernos en juicios valorativos con respecto a la situación, como: «no lo merecía», «¿por qué se comportarían así conmigo?». Simplemente, tratamos de sentirlo y de aceptarlo.

Estructuramos nuestra vida por décadas. Si analizamos de los 0 a los 10 años, podemos pensar en hermanos u otros familiares mayores que nosotros que nos pudieron molestar, compañeros de colegio que nos hicieron algún tipo de *bullying*, o quizá nuestros padres que nos hicieron sufrir por la causa que fuese. De los 10 a los 20 años podemos pensar en amigos que nos decepcionaron, primeras parejas que igual no fueron cuidadosas con nuestros sentimientos, compañeros de estudios que nos pudieron hacer *bullying*. En el resto de décadas podemos pensar en exparejas que nos hicieron daño en la ruptura, amigos que nos decepcionaron, compañeros de trabajo o jefes que nos hicieron algún tipo de *mobbing*, hermanos que tuvieron problemas por envidias o por el reparto de una herencia, padres que no nos quisieron lo suficiente desde nuestra perspectiva, hijos que no son agradecidos pese a lo que hemos hecho por ellos.

Seleccionamos ahora a las tres personas que nos hayan hecho más daño (sin que pueda considerarse trauma). Debemos escoger a aquellas con las que nos sintamos capaces de trabajar sin que la emoción nos desborde. Traemos a la memoria las situaciones de daño: qué ocurrió, qué hicieron las otras personas, qué hicimos nosotros, etcétera. Identificamos la emoción que se produce y, como siempre, tratamos de ponerle nombre.

Si analizamos las causas de por qué nos hicieron daño, comprobaremos que:

- En algunas ocasiones, ni siquiera fueron conscientes del daño causado hasta pasado cierto tiempo, porque ese hecho a ellos no les producía malestar.
- En otras ocasiones, sabían que su conducta produciría sufrimiento a otras personas, muchas veces no solo a nosotros, pero, o bien consi-

deraban que no tenían otra alternativa, o bien, si había varias opciones, pensaban que esa era la mejor.

- Por último, en algunos casos, el daño que hicieron fue voluntario y consciente. Pero seguro que en ese momento pensaban que era legítimo, porque nosotros les habíamos causado daño antes, o porque, cegados por su propio sufrimiento, no pudieron ser sensibles al malestar de los otros.

Pensamos en la escasa libertad que tenemos todos los seres humanos a la hora de tomar decisiones y cómo estamos completamente condicionados por nuestra biografía y por nuestras experiencias previas, que, en parte, explican también el daño que nosotros hemos generado en otras ocasiones. Todos perseguimos el objetivo universal de ser felices y estar libres de sufrimiento. La conducta de los demás, aunque sea dañina o no la entendamos y no nos guste, siempre está basada en esta búsqueda.

Nos quedamos unos instantes intentando evocar un sentimiento de perdón hacia esa primera persona que hemos elegido. Si no somos capaces, no pasa nada, lo aceptamos y podemos decirnos mentalmente una frase de este tipo: «Que con el tiempo pueda perdonarte, pero ahora el dolor es grande y no soy capaz».

Si, por el contrario, estamos preparados para perdonar sin que ello nos suponga un conflicto interno, podemos repetirnos: «Pese a que me has hecho daño en la vida, consciente o inconscientemente, te perdono». Nos mantenemos algún minuto con esa persona. Sólo si podemos, la abrazamos o mostramos afecto de alguna forma que sea posible para nosotros. Posteriormente, podemos enviarle todo nuestro amor usando las frases empleadas en *mettā*: «¡Ojalá todo te vaya bien! ¡Ojalá puedas ser feliz! ¡Ojalá alcances la paz!».

Volvemos a dirigir nuestra atención hacia la respiración, dejando pasar sensaciones y pensamientos debidos a la práctica. Cuando la emoción se

> haya calmado, podemos darnos afecto a nosotros mismos, por estar sufriendo en este momento. Nos felicitamos con afecto por haber podido ser capaces de realizar la meditación, independientemente de hasta dónde hayamos podido llegar. Cuando consideremos que podemos terminar, hacemos unas cuantas respiraciones conscientes, sentimos el cuerpo en su totalidad y abrimos los ojos dando así por finalizada la práctica.

b) El sufrimiento producido por los amigos

En la tradición tibetana se dice que los amigos nos producen mucho más sufrimiento que los enemigos. Además, los enemigos son la causa de nuestro apego al mundo y, por tanto, un obstáculo para la «liberación», mientras que los enemigos nos recuerdan la futilidad de esta vida y nos ayudan a buscar la verdad. Los dos principales malestares producidos por los amigos son el de la separación y el del contagio emocional.

El sufrimiento por separación

Es el producido por la ruptura o el deterioro de una relación con un ser querido. No estamos hablando del fallecimiento, que es una separación involuntaria, en la que no existe decisión por ninguna de las partes, y no se genera (al menos conscientemente) culpa de una persona a otra. El duelo por la persona querida es un intenso sufrimiento, pero es una aproximación diferente, no lo que vamos a trabajar aquí.

El ejemplo más habitual es el de la ruptura de pareja, de lo que se llama en psicología «amor romántico»; sobre todo, cuando no es consensuada, sino que se origina por una de las partes. Habitualmente, el miembro que no decide, que ha sido abandonado, es el que más sufre, aunque también influyen otros patrones, como los rasgos de personalidad (p.ej., dependencia como rasgo), la psicobiografía (p.ej., abandonos anteriores), etcétera. Por eso, incluso las rupturas consensuadas pueden resultar demoledoras. También se incluirían las rupturas de relaciones de amistad o de relaciones familiares, como padres-hijos o hermanos, principalmente.

Los cuatro principales temas con los que se trabaja en este tipo de meditación discursiva, es decir, basada en la reflexión, son los siguientes:

1. *El amor verdadero es incondicional.* Mientras tengamos un «yo» tan potente como el que nos posee actualmente, seremos incapaces de amar. Lo que llamamos amor (en psicología se denomina «amor romántico») es simplemente apego, un acuerdo interpersonal en el que mostramos sentimientos agradables a alguien mientras cumpla nuestras expectativas, es decir, mientras nos quiera. Si no nos quiere, tendemos a decepcionarnos, enfadarnos y odiarle, como ocurre en las rupturas de pareja o con los amigos. El amor auténtico, que equivaldría al *brahmavihāra* de la bondad amorosa, desea la felicidad de la otra persona sin reservas, sin expectativas. Es un amor sin más, sin reciprocidad, sea cual sea su conducta hacia nosotros porque, tan solo, se lo merece. Todos los seres buscan compulsivamente la felicidad, y debemos apoyarlos en esa búsqueda, aunque su felicidad no esté en compartir su vida con nosotros.

2. *La felicidad y el sufrimiento están en nuestra mente, no fuera.* Esta es una de las grandes verdades que enseñó el Buda y en la que mindfulness insiste. Al buscar continuamente la felicidad

fuera de nosotros, en personas, objetos o situaciones, nos hacemos víctimas y dependientes de esas circunstancias. Esta es la base de la mente en «modo hacer», y por eso nunca encontramos satisfacción, porque ningún objeto externo, como el «amor romántico», puede darnos una felicidad estable. Debemos tomar consciencia de que solo en nuestro interior tenemos la llave de nuestra felicidad. Por tanto, aunque hayamos perdido a esa persona, podemos volver a ser felices.

3. *Impermanencia*. La relación se tenía que romper porque todos los fenómenos están sujetos a la impermanencia. Cuando nos involucremos en cualquier actividad o relación, debemos pensar que, como decía Ajhan Cha cuando le regalaban una taza de té, «Veía que la taza ya estaba rota», porque ese es su destino. Cualquier relación que establezcamos está condenada a su ruptura, por la impermanencia. Por tanto, debemos disfrutar cada segundo que dure, porque sabemos que vamos a perderlo, y no es culpa de nadie.

4. *Inversión de roles*. Es una técnica psicológica muy utilizada porque es muy potente. Consiste en ponerse en el lugar de la otra persona. Si alguien rompe con nosotros es porque tiene ese sentimiento: ya no nos quiere. Imaginemos que fuese a la inversa, y que fuésemos nosotros quienes ya no estuviésemos enamorados de esa persona. ¿Querríamos mantener una relación en la que ya no estamos a gusto solo por no dañar al otro? ¿Queremos estar en una relación en la que otra persona ya no nos quiere solo porque no quiere hacernos daño, por culpa o por cualquier otra razón? No tiene sentido. Demos libertad a las personas que están con nosotros y seamos nosotros libres.

Práctica: El sufrimiento por separación

Adopta la postura de meditación y trae a la mente alguna ruptura por separación con otra persona (pareja, amigo, familiar). Conecta con la emoción y ponle una etiqueta. Toma consciencia de que la emoción se produce porque:

1. No se cumple una expectativa que has puesto sobre la persona: esperaba que la relación fuese para siempre, que él/ella fuese fiel, me quisiese siempre.
2. Desafía algún aspecto del yo: me confronta con que soy mala pareja, mal padre/hijo/amigo.

Junto a disminuir nuestras expectativas sobre las otras personas y darnos cuenta de que las facetas de nuestro yo son las que se desafían en estas relaciones y cómo nuestro apego hacia esas facetas nos produce sufrimiento, reflexionamos sobre los cuatro temas anteriores:

1. Tomamos consciencia de que nuestro amor era egocéntrico, no desinteresado. No queremos su felicidad, sino la nuestra. Intentamos familiarizarnos con la idea de que debemos querer la felicidad de las otras personas, independientemente de la relación y la conducta que tengan con nosotros. Esto es bondad amorosa.
2. Debemos hacernos conscientes de que la felicidad está en nosotros, en nuestra mente, y no en objetos o personas externas. Somos los responsables de nuestras emociones. Podemos ser felices en cualquier circunstancia, con o sin esa persona. Proclamemos, pues, nuestra independencia en cuanto a los sentimientos y no dependamos de cómo se comporten otras personas.
3. Debemos saber que todo lo que nos rodea es impermanente, incluidas

> las relaciones interpersonales, y que nos tendremos que separar de todo. Incluso aunque la relación sea perfecta, nos separará la muerte. Por tanto, no debemos asombrarnos cuando llega la ruptura, sino esperarla como la evolución normal de todo fenómeno.
> 4. Inversión de roles: ¿Querríamos que las personas estén con nosotros, aunque no nos quieran, solo por obligación, culpa o pena? ¿Querríamos nosotros mantener una relación así, no auténtica? Seamos libres nosotros y demos libertad a las personas que están con nosotros.
>
> Cuando consideremos que hemos reflexionado lo suficiente sobre estos temas de forma que nuestra mente los vaya incorporando lentamente, finalizaremos la meditación.

El sufrimiento del contagio emocional

Este es el sufrimiento que se produce al ver sufrir a seres queridos, como familiares, amigos, parejas y, sobre todo, hijos. Aunque se encuentra en todas las culturas, en la judeocristiana es especialmente importante. La palabra *compasión* proviene del latín «com-passio», es decir, «sufrir con». Se espera que, si una persona querida sufre, debemos sufrir con ella, porque lo contrario sería un síntoma de que no la queremos. Esto, que parece obvio en nuestro entorno, es mucho más discutible en otras culturas.

a) Evitar el contagio emocional

Por eso, el primer paso en este tipo de sufrimiento es evitar el contagio emocional. Para ello, se utilizan dos prácticas que generan emociones positivas en nosotros y que permitirán contrarrestar ese contagio emocional; son el lugar seguro y el mentor.

El lugar seguro

Cuando somos pequeños y tenemos miedo, el lugar y la situación seguros por antonomasia es sentirse abrazado por nuestra madre o nuestro padre. De mayores vamos a experimentar situaciones de miedo e inseguridad en diferentes niveles. La práctica consiste en desarrollar un lugar, real o imaginario, en el que nos sintamos seguros y protegidos, en el que no nos pueda pasar nada. También es un sitio donde nos encontramos tranquilos y relajados, y donde podemos sentirnos en libertad y hacer lo que queramos. La visualización pretende generar de forma rápida una emoción de seguridad y bienestar.

Práctica: El lugar seguro

La práctica puede hacerse sentado o tumbado, con la posibilidad de adoptar una postura fetal. Imaginamos un lugar, real o imaginario, en el que sintamos que nada malo puede ocurrirnos, que estamos absolutamente seguros. Este lugar puede ser conocido para nosotros, por ejemplo, algún sitio al que íbamos cuando éramos pequeños, una casa que nos haga sentirnos protegidos y seguros, un paisaje que nos guste y nos transmita serenidad. Podemos modificarlo o recrearlo en nuestra mente. Si lo preferimos o nos resulta más fácil, puede ser completamente imaginado por nosotros y podemos decorarlo a nuestro antojo. Observamos las características de este lugar: qué forma tiene, qué muebles hay, qué color predomina, qué estamos haciendo cuando estamos en él, con quién nos encontramos. Es importante que lo que nos transmita el sentimiento de seguridad sea el sitio y no el que estemos acompañados o no por alguien (para evitar que sea la persona la que nos transmita seguridad). Cualquier lugar o situación puede ser

> adecuado. Cuando realicemos varias veces la práctica, la imagen se irá estabilizando y enriqueciendo con nuevos matices. Lo importante es la emoción: tenemos que poder sentirnos absolutamente tranquilos y en paz, con la certeza de que nada nos puede ocurrir. Un lugar donde nos sentimos libres y podemos hacer lo que queramos, aunque sea imposible, como, por ejemplo, volar. Podemos llegar a sentir que el propio lugar disfruta, se alegra de que nosotros estemos tranquilos y felices. Podemos pensar por qué nos gusta estar en este lugar y qué es lo que lo hace seguro para nosotros. Poco a poco, cuando lo deseemos, podemos abrir los ojos, mover las diferentes partes del cuerpo y volver a la habitación en la que estamos.

El mentor

Esta práctica busca que nos identifiquemos con una persona que admiremos por sus cualidades psicológicas o espirituales, de forma que podamos tomarlo como modelo de inspiración en los momentos difíciles.

> **Práctica: El mentor**
>
> Traemos a nuestra mente una persona, real o imaginaria, por la que sintamos una gran admiración, que sea para nosotros modelo por su conducta o actitud. Puede ser del ámbito religioso (Jesucristo, la Virgen, el Buda) o una persona real que nos motive (un papa, el Dalái Lama, Gandhi, Teresa de Calcuta). Podría ser un familiar nuestro, como un abuelo, pero preferiblemente que haya fallecido ya,

> para que no podamos perder esa imagen que tenemos de él en una discusión normal.
>
> La presencia de esa persona nos inspira, nos da fuerza y valor, saca lo mejor de nosotros, nos trae paz y armonía. Lo importante es que genere en nosotros, de forma estable, una emoción de bienestar, paz y alegría. Cuando realicemos varias veces la práctica, la imagen se irá estabilizando y enriqueciendo con nuevos matices. Debemos elegir siempre a la misma persona.
>
> Podemos asociar esta práctica del mentor con la del lugar seguro y pensar que estamos en ese lugar con esa persona; así, las sensaciones de paz, bienestar y seguridad se multiplicarán.
>
> Poco a poco, cuando lo deseemos, podemos abrir los ojos, mover las diferentes partes del cuerpo y volver a la habitación en la que estamos.

Con el tiempo, cuando hayamos desarrollado el mentor, asociado al lugar seguro, el objetivo será evocarlo y experimentar esa sensación cuando queramos y, sobre todo, en situaciones en que experimentemos emociones negativas, como ver sufrir a una persona querida.

b) Gestionar el sufrimiento por contagio emocional

Para ello tenemos que trabajar con estas cuatro ideas:

1. *El sufrimiento es inevitable*. Existen dos tipos de sufrimiento: el inevitable, ligado a la impermanencia y que incluye la vejez, la enfermedad y la muerte, nuestra y de nuestros seres queridos. Respecto a él, no podemos hacer nada para evitarlo, solo aceptarlo. Y hay un sufrimiento secundario, ligado a nuestra interpretación del mundo, que sí que podemos evitar, pero solo podemos hacerlo cada uno, trabajando con técnicas espirituales como el

mindfulness (para disminuir el diálogo interno) o la compasión (para que el discurso no sea autocrítico, sino autocompasivo). Pero tampoco podemos convencer ni ayudar a nadie para que lo haga, solo encarnar esas enseñanzas y mostrarlas por si alguien quiere desarrollarlas.

Por ello, son absurdos y generadores de sufrimiento sentimientos como la culpa por no poder librar de sufrimiento a nuestros seres queridos. En psicoanálisis, se dice que están basados en la omnipotencia, que es la demanda no realista y muy egoica de que nosotros tenemos el poder de proteger a otras personas del sufrimiento, algo absurdo, cuando ni siquiera podemos protegernos a nosotros mismos del sufrimiento del mundo.

2. *La mayor ayuda.* Como decía el monje vietnamita zen Thich Nhat Hanh, el mayor regalo que podemos ofrecer a otra persona es nuestra presencia atenta. Aún más se aplica esto con alguien que sufre: el mayor regalo es poder estar con él y estar sin generarle sufrimiento. Para ello, no podemos contagiarnos con su sufrimiento, porque no seremos de ayuda. Las prácticas como el lugar seguro y el mentor son importantes para esto.

Cuando una persona desarrolla una enfermedad crónica, se observa que los amigos y los familiares van a visitarle las primeras semanas, y no pueden evitar «contagiarse» de su sufrimiento. Pero, como el proceso se cronifica y la persona no mejora, los amigos y familiares cada vez le visitan menos, porque el contagio de su sufrimiento les produce malestar y se protegen no yendo a verle. Y el paciente se queda solo. Solo no contagiándonos emocionalmente podremos ser de ayuda.

3. *¿En que beneficia al mundo nuestro sufrimiento por contagio?* Esta es una pregunta que tendríamos que plantearnos ante cualquier acción, emoción o pensamiento nuestros: ¿en qué beneficia al mundo esto que hago/pienso/siento? En el caso concreto del sufrimiento por contagio:

   a) A quien sufre, en nada le beneficia tener un acompañante que está también sufriendo y que no le va a poder cuidar bien debido a ese malestar.

   b) A nosotros no nos beneficia sufrir por contagio. Nuestro sufrimiento no alivia en nada a nuestro ser querido ni a nosotros.

   c) A la gente que nos rodea tampoco le es útil, porque nuestro sufrimiento impedirá que nos relacionemos con ellos adecuadamente y, además, les producirá malestar.

4. *Inversión de roles*. Consiste en ponerse en el lugar del otro. Aquí, nos imaginaríamos que somos nosotros la persona que sufre y nos preguntamos lo siguiente: ¿Querríamos que un ser querido, por ejemplo, un hijo/a, sufriese por nuestro sufrimiento, por un sufrimiento que no es el de ellos, que no les corresponde? La mayoría de las personas dirían que no, que es absurdo. Entonces, ¿qué sentido tiene que nosotros suframos por un ser querido? Él tampoco lo querría.

Práctica: El sufrimiento por contagio

Adopta la postura de meditación y trae a la mente alguna situación en que un ser querido estuviese sufriendo y tu acabases contagiado por ese dolor.

Conecta con la emoción y ponle una etiqueta. Toma consciencia de que la emoción se produce porque:

1. No se cumple una expectativa que has puesto sobre ti mismo: esperaba poder proteger a mi ser querido de su sufrimiento.
2. Desafía algún aspecto del yo: me confronta con que no soy omnipotente, con la sensación de no ser un buen padre/madre.

Usa la práctica del lugar seguro o la del mentor para protegerte de ese contagio emocional. Junto a disminuir las expectativas dichas y una vez protegidos, reflexionamos sobre estos cuatro temas:

1. El sufrimiento es inevitable: entendemos que no podemos hacer nada para evitar su sufrimiento. Observamos si se generan sentimientos de culpa o de omnipotencia y los desafiamos.
2. La mayor ayuda es nuestra presencia serena: nos comprometemos a ofrecer a la otra persona nuestra presencia atenta, pero eso solo es útil si no nos contagiamos emocionalmente. Para ello, intentamos familiarizarnos con prácticas como el lugar seguro y el mentor.
3. ¿En que beneficia al mundo nuestro sufrimiento por contagio? Reflexionamos sobre cómo no beneficia a quien sufre, al tener un acompañante que está también sufriendo, ni a nosotros, máxime cuando nuestro sufrimiento no alivia a nuestro ser querido, ni a la gente que nos rodea, porque nuestro sufrimiento les producirá malestar.

> 4. Inversión de roles: nos ponemos en el lugar del otro y nos preguntamos lo siguiente: ¿Querríamos que nuestro ser querido sufriese por nosotros, por un sufrimiento que no es el de ellos?
>
> Cuando consideremos que hemos reflexionado lo suficiente sobre estos temas de forma que nuestra mente los vaya incorporando lentamente, finalizamos la meditación.

3. La estructura de la compasión y las principales dificultades: el merecimiento, la perspectiva de la carencia y el contagio emocional

Como describe el grupo de Kuyken (Gu y cols., 2020), la compasión se estructuraría en cinco dimensiones. Vamos a analizar brevemente cada una y a comentar las dificultades para desarrollarlas:

1. *Reconocer el sufrimiento.* Los individuos muy autoexigentes o estoicos presentan grandes dificultades para reconocer o admitir su propio sufrimiento. Esto lo van a proyectar en las demás personas y serán incapaces de darse cuenta del sufrimiento de los otros, porque también niegan el suyo.

2. *Comprender la universalidad del sufrimiento.* Una de las creencias mágicas más profundamente arraigadas en el ser humano es que el sufrimiento va asociado a un castigo de la divinidad. Cuando experimentamos sufrimiento, una de las etapas habituales en el proceso de afrontamiento es la culpa. Pensamos que algo

hemos debido hacer mal para experimentar este castigo. La universalidad del sufrimiento es un antídoto para este tipo de culpa.

3. *Desarrollar sentimientos de compasión hacia la persona que sufre.* Otra de las ideas preconcebidas en relación con la compasión es que para que la persona reciba ayuda y afecto «debe merecérselo». Los individuos autoexigentes y punitivos creen que no son dignos del afecto de otros, que no se lo merecen. Muchas personas también piensan que alguien que hace daño a otros por lo que sea «no se merece» compasión, solo justicia o castigo. Pero todos nos merecemos ser queridos, sean cuales sean de nuestras acciones. Lógicamente, tendremos que experimentar las consecuencias de esas acciones, y para eso está la justicia. Pero no debemos olvidar que todos los seres humanos tenemos una naturaleza pura, preciosa, a menudo oscurecida por emociones negativas que hemos desarrollado durante nuestra biografía.

4. *Tolerar la incomodidad del sufrimiento.* Esta suele ser la parte más complicada, ya que estamos acostumbrados a «sufrir con» nuestros seres queridos. Para ello, las prácticas del lugar seguro y el mentor nos ayudarán a evitar el contagio emocional y tolerar la incomodidad del sufrimiento nuestro y de otros.

5. *Actuar o estar motivado para actuar con el fin de aliviar el sufrimiento.* Debemos actuar en lo que podamos para evitar el sufrimiento de otros, sin caer en la indiferencia inmovilista ni dejarnos atrapar por un «buenismo» poco efectivo.

Por último, querríamos resaltar que la mayoría de nosotros está instalado en la «filosofía de la carencia»: creemos que lo bueno y la felicidad en este mundo están limitados, y que tenemos que competir con los demás por este tema. La felicidad de los otros me quita algo a mí, resta de la felicidad del mundo. Deberíamos vivir en la «filosofía de la abundancia»: no hay límite a la felicidad y bienestar en este mundo. Por eso, debemos alegrarnos de la alegría de los otros, y eso no quita en absoluto probabilidades de que nosotros podamos ser felices. No existe competición.

6. La concentración de acceso en los *jhanas* y en los *brahmavihāras*

> Cuando uno observa que los cinco obstáculos
> han sido abandonados dentro de uno mismo,
> la alegría surge en él.
> Con la alegría llega el deleite,
> con el deleite en su mente su cuerpo se tranquiliza,
> con un cuerpo tranquilo siente el gozo,
> y, con el gozo, su mente se concentra.
> Estando así apartado de los deseos sensoriales,
> apartado de los estados perjudiciales,
> entra y permanece en el primer *jhana*...
>
> BUDA, *Digha Nikāya* 2, 76

Introducción

El proceso de transición entre el estado de *jhana* y los estados mentales previos que no son *jhana* se denomina «concentración de acceso». Este concepto nunca aparece en los textos budistas clásicos en lengua pali, ya que es una elaboración posterior. Pero en los textos tradicionales sí se describen las condiciones que preceden inmediatamente a *jhana*, y es a este estado a lo que se ha denominado concentración de acceso. Es el estado en que se subyugan los obstáculos a la concentración. La idea es sustituir los viejos hábitos mentales durante el tiempo y con la frecuencia suficientes para que desaparezcan y sean sustituidos por mindfulness. La mayoría de los meditadores deben permanecer en la concentración de acceso durante largo tiempo antes de poder entrar en los *jhanas*.

La concentración de acceso es más fácil que aparezca en un retiro, porque el aislamiento del mundo es uno de los requisitos. No todas las personas que entran en un retiro alcanzaran este nivel de concentración. Cuanto más deseo se tiene de alcanzarlo, hay menos probabilidades de que ocurra, porque el deseo es uno de los obstáculos para alcanzar las absorciones, ya que dificultan el aislamiento (Brasington, 2015). La forma como debiéramos acercarnos a los *jhanas* es olvidándonos del destino final y centrándonos en cada paso, en cada indicación sobre por dónde va el camino. Es como querer ir a Madrid desde la costa: uno no debe pensar en Madrid, sino en cada uno de los pueblos y ciudades intermedios que va a ir encontrándose; eso es lo que realmente le ayudará, mientras que pensar en el destino final le creará dificultades.

La concentración de acceso define un nivel de atención suficientemente intenso como para que no surjan los obstáculos. El meditador permanece estable en el objeto de atención; y si ocasionalmente surgen pensamientos, son débiles y aparecen en el fondo de la mente, y nunca arrastran del todo la atención. Un aspecto clave cuando la atención divaga es no enfadarnos con nosotros mismos o con el entorno. Venimos de una especie que lleva millones de años no poniendo la atención completamente en algo sin distraerse, ya que los individuos que hacían esto tenían más probabilidad de ser devorados por los depredadores.

Postura

Para entrar en la meditación de acceso debes adoptar una posición cómoda, que te permita mantenerte en ella sin dolor durante bastante tiempo. De lo contrario, el dolor te impedirá alcanzar estados de absorción superiores. Pero debe ser una postura erguida para que no entre somnolencia o torpeza mental, que es un estado inútil para alcanzar los *jhanas*. Por tanto, debes encontrar una postura que cumpla ambos requisitos.

Por supuesto, si tienes dolor no se trata de que no te puedas mover; puedes hacerlo, pero de una manera atenta. Toma nota de la molestia que te induce el impulso. Decide si vale la pena moverse, y, si encuentras que sí, hazlo de una forma muy atenta y mínima, reajusta la postura y vuelve al anclaje de la atención. Observa cuánto tiempo le cuesta a la mente volver al estado previo al movimiento. Por eso, no te muevas de una forma no atenta. Un simple movimiento genera una gran turbulencia en la mente, por tanto, evítalo si no es imprescindible. Los estados de concentración más profundos son incompatibles con el movimiento corporal, incluso el más leve movimiento te puede sacar de *jhana*, a menos que seas un meditador muy experimentado.

Sayadaw (2010) afirma que la postura no es impedimento para entrar en los *jhanas*. Si se ha desarrollado la meditación de forma suficiente, se puede entrar en *jhana* en cualquier postura, incluida una silla. Pone el ejemplo de Sariputta y de Subhuti, quienes alcanzaban el estado de *jhana* cuando iban a mendigar por las mañanas a las villas cercanas y antes de recibir una ofrenda de alguien. Sariputta tenía como objeto la cesación, y Subhuti, la bondad amorosa. Ellos practicaban de esta forma porque así podían ofrecerle a la persona que les daba las ofrendas el máximo beneficio, el mejor karma virtuoso. Podían alcanzar *jhana* incluso de pie.

Objetos de meditación: la respiración

Ya hemos explicado en el capítulo 2 que existen diferentes objetos de meditación para alcanzar los *jhanas*. Dado que la respiración es el objeto más popular, describimos cuál es el proceso con ella. Elige un punto pequeño en las fosas nasales o el labio superior donde puedas sentir la sensación de la respiración más claramente. Otros anclajes, como pecho o abdomen, no se recomiendan para *jhana*, porque la sensación de la respiración no es tan intensa. Este punto es distinto para cada persona, dependiendo de sus características anatómicas. Siente ese lugar en que la respiración entra en contacto contigo y mantén ahí la atención. Observa cómo es la respiración de forma natural, no como piensas que debería ser. Presta atención a sus cuatro partes: inspiración-pausa-espiración-pausa. Es posible que, inicialmente, solo percibas la inspiración y la espiración, porque es necesaria cierta estabilidad mental para que se produzcan las pausas de forma natural.

Cada vez que la atención se desvíe a cualquier pensamiento que no esté relacionado con la respiración, o a cualquier sensación o a algún otro estímulo, llévala de vuelta amablemente al punto de anclaje. Deja que los sonidos, las percepciones y los pensamientos sigan su camino, no desees que se vayan por la fuerza ni vayas tras ellos. No juzgues tu capacidad para la meditación, ni te enfades con el entorno si las condiciones te parece que no son las adecuadas, por excesivo ruido, temperatura inadecuada u otras circunstancias.

Inicialmente, la respiración muestra sus diferentes propiedades físicas: vibración, temperatura, presión. Para desarrollar los *jhanas*, mantén una atención firme en *vitakka* (la continuidad de la conexión) y *vicara* (sostener la atención), sin poner énfasis en las características físicas de la respiración, siempre cambiantes. Conforme la atención se mantiene conectada a la respiración por períodos progresivamente más largos y sin distracciones, se pierde el resto de sensaciones corporales. No notarás los sonidos, la temperatura de la sala ni las sensaciones dolorosas o de cualquier tipo de la postura corporal. Poco a poco, se incrementan las cualidades mentales agradables, como gozo, ligereza, deleite, rapto o felicidad. Eso facilitará que la conexión con la respiración se mantenga.

Se requiere esfuerzo diligente e intención clara. Va a haber distracciones inevitablemente, y por eso debes cultivar una disposición a abandonarlas, pero no debes luchar con violencia contra ellas, porque te tensarás y habrá proliferación de pensamientos. Los *jhanas* no se alcanzan clavando la atención en las fosas nasales como si grapases la mente a ellas, sino deseando continuamente volver a recuperar el contacto con la respiración cuando se pierde. Disfruta de dejar ir las distracciones, de reconectar con la respiración. No te pongas metas como estar x minutos sin pensamientos o alcanzar un número de respiraciones atento. Sé feliz con el sencillo gozo del «dejar ir».

¿Qué hacer con la mente?

La mente debe permanecer en una especie de «diligencia relajada». La tensión impide la concentración profunda. Si aparecen distracciones, resulta útil etiquetarlas utilizando una única palabra para cada distracción. No pierdas el tiempo intentando que esa definición sea perfecta, dándole vueltas a la distracción para ver si la has definido bien. El objetivo es tan solo identificarla y dejarla pasar, relajándote y volviendo al objeto de meditación. Notarás que muchas de las etiquetas coinciden con los cinco obstáculos. Si hay alguno especialmente persistente, puedes cambiar el enfoque: al nombrarlo, puedes darle un nombre gracioso como «abracadabrante» o cualquier otro. Darle un nombre divertido o ridículo le quita parte de su poder. Cuando aparezca, puedes hablar con ese pensamiento: «Hola, abracadabrante, no es buen momento para que aparezcas, estoy meditando, puedes irte» (Brasington, 2015).

Tiempo que dedicar

Aunque cualquier tiempo que dediques a la meditación va a producir cambios importantes en la mente, una práctica comprometida con los *jhanas* debería incluir un esfuerzo mínimo de entre 45 y 60 minutos al día, en sesiones de al menos 20-30 minutos. Esa dedicación deberías mantenerla varios años de forma regular. Por debajo de ese tiempo es difícil obtener resultados. El entrenamiento requeriría al menos un retiro anual, de una semana de duración como mínimo, específicamente dedicado a este tema. Los retiros «largos» de 10 días que hacemos los occidentales laicos, aunque nos parezcan de gran duración, son cortos para los estándares meditativos. Los retiros en la época del Buda eran de tres meses, lo que duraba la estación de las lluvias, y esa duración es la habitual también en los retiros de los monjes budistas incluso en la actualidad.

Práctica adicional

El movimiento consciente es una gran ayuda en el proceso del desarrollo de la atención: estiramientos, andar, actividades mente-cuerpo estructuradas, como artes marciales, yoga, taichi o chi kung, o cualquier tipo de deporte o movimiento en el que prestemos atención consciente. Otra actividad complementaria es el andar consciente. Si tiendes a distraerte, puedes contar tus pasos de 1 a 10 y luego de 10 a 1, y así continuamente. Puedes incluir las prácticas en movimiento entre períodos de meditación sentado, como se acostumbra en el Zen y en otras escuelas meditativas.

Signos de la concentración de acceso

Cuando uno empieza a meditar, los pensamientos son continuos, el objeto de atención se pierde continuamente, sueñas despierto y los recursos y la imaginación están siempre presentes. Si mantienes la atención anclada en el objeto con la frecuencia y la duración suficientes, poco a poco los pensamientos irán desapareciendo. Vas a notar que el proceso de pensamiento cambia de la siguiente forma:

- El número de pensamientos disminuye. Irán apareciendo huecos entre los pensamientos. No se prolifera, un pensamiento no lleva a otro.
- El contenido de los pensamientos varía. Ya no hay contenidos de futuro (p.ej., «Tengo que comprar más tomates porque no quedan en el frigorífico») ni de pasado (p.ej., «¿Cómo fulano pudo decirme ayer tal cosa?»). Los contenidos son exclusivamente de presente y relacionados con el proceso de meditación, son sanos (p.ej., «Ahora no hay pensamientos» o «Apenas noto la respiración»).
- Intensidad de los pensamientos. Todos los que aparecen son tenues y como si estuviesen en un segundo plano, ya no captan nuestra atención ni nos desvían del objeto de atención, simplemente ocurren y pasan sin que esto último requiera esfuerzo.

Cuando los pensamientos son tan tenues y escasos que ya no atraen tu atención, y puedes mantenerte cómodamente en las sensaciones físicas de la respiración, estás entrando en la meditación de acceso. Sea cual sea el objeto que hayas utilizado para obtener la meditación de acceso, el signo de que lo has alcanzado es que puedes permanecer del todo presente con el objeto de atención. Ya no hay dudas, juicios, deseos ni agitación.

El progreso hacia la concentración de acceso si usas *anapanasati*

Shaila Catherina (2018) insiste en que una de las enseñanzas clave para la práctica de *jhana* es que la meditación tenga tres cualidades:

- Claridad mental: la atención debe estar bien anclada en el objeto.
- Espaciosidad: se siente una sensación de que la mente es ilimitada, de que los fenómenos mentales se generan en el espacio ilimitado de la mente.
- Relajación: la mente no debe estar tensa, la atención debe mantenerse sin esfuerzo, de forma natural; de lo contrario, surgirá la tensión y la proliferación de pensamientos.

Conforme sigues meditando, hazte consciente del inicio, parte media y final de la inspiración, y de cómo luego sigue una pausa. Haz lo mismo con la espiración. Debes prestar atención al lugar exacto donde el aire contacta con la nariz. Se requiere bastante atención para identificar estos estadios de forma diferente, pero esta es la intensidad que se necesita para alcanzar *jhana*. Te permite conocer la naturaleza intrínseca de los fenómenos: el surgimiento y la cesación, es decir, la impermanencia. Este hecho nótalo en cualquier fenómeno mental. Si la mente se distrae por un sonido, nota el surgimiento y la cesación del sonido. Posteriormente, las fases de la respiración desaparecen, y percibes la inspiración y la espiración como una única sensación. Registra la sensación única del aire tocando la nariz, no del movimiento del aire.

Si practicas la atención a la respiración, hay un signo adicional que nos indica que estás llegando a la meditación de acceso: la respiración empieza a ser muy sutil y superficial, y parece que hayas dejado de respirar completamente. En ese momento, la respuesta natural es tomar una respiración profunda, agradable, y continuar meditando. Eso es un error, porque tenderá a debilitar tu concentración. Puedes seguir con esa respiración superficial, no necesitas casi oxígeno porque estás del todo quieto. Recuerda que la meditación de acceso se define como «permanecer completamente con el objeto de meditación y no estar distraído, incluso aunque aparezcan pensamientos tenues en la retaguardia de la mente».

Encontrando una sensación agradable
(Brasington, 2015)

Utilices el objeto que utilices para llegar a la meditación de acceso, hay un momento, cuando has conseguido fundirte con él y apenas hay pensamientos, en que tienes que abandonarlo. En ese instante, debes cambiar el foco de la atención desde la respiración, que es el anclaje que tenías, a la sensación agradable que se genera en la concentración de acceso. Este es el punto clave: dejar el objeto de atención previo y pasar a una sensación agradable. No tiene mucho sentido mantener la atención en las sensaciones respiratorias cuando estas apenas son perceptibles. Por tanto, debes poner la atención en la respiración, o en el objeto que sea, hasta llegar a la concentración de acceso, y, en ese momento, cambiar a la sensación agradable, preferiblemente una sensación agradable física. No saltes demasiado pronto; necesitas una gran intensidad de atención para mantenerte en la sensación agradable. La razón es que una sensación agradable global del cuerpo, aunque ahora nos parezca extraño, no atrae tanto la atención como, por ejemplo, la sensación física de la respiración.

Ahora la pregunta sería: «¿Qué es una sensación agradable?». Cuando estás meditando, ¿en qué parte del cuerpo puede haber una sensación agradable? Si observas las estatuas del Buda, siempre está sonriendo. Esto no es por motivos artísticos, es una técnica pedagógica. Cuando llegas a la concentración de acceso, para cambiar de punto de anclaje solo tienes que desplazarte un centímetro para encontrar la sensación agradable: desde las fosas nasales a la boca. Por eso, una recomendación es sonreír cuando se medita. Incluso aunque esa sonrisa sea falsa cuando se empieza a meditar, cuando se alcanza la meditación de acceso es completamente genuina y sirve como anclaje. Sin embargo, en nuestra cultura estamos acostumbrados a que nuestros padres o el entorno nos exija sonreír, aunque no queramos, por exigencias sociales. Por eso, muchos presentan resistencias cuando los invitamos a sonreír en la meditación. Esta es la razón de que solo a un cuarto de los alumnos les sirva este sistema; el resto necesitará un objeto diferente como anclaje de la sensación agradable.

Otra parte del cuerpo donde puede encontrarse una sensación agradable, y que le resulta útil a la mayor parte de la gente, son las manos. Para eso debes poner las manos en una postura cómoda, de forma que no tengas que preocuparte de ellas. La postura tradicional consiste en situar una mano sobre otra, con ambos pulgares tocándose ligeramente en la punta. Es una posición adecuada porque permite empujar los hombros hacia abajo y alinea la columna dorsal de forma sencilla. En esta postura, muchas personas sienten una sensación de hormigueo agradable en las manos. Pero puedes poner la mano en cualquier posición que sea placentera para ti.

También los meditadores pueden encontrar una sensación agradable en el corazón o en el pecho, sobre todo si se medita en *mettā* para alcanzar la concentración de acceso. Otras partes del cuerpo donde puedes encontrar una sensación agradable son: la zona del tercer ojo, la coronilla u otros chacras descritos en la tradición yóguica; también en los hombros o en prácticamente cualquier parte del cuerpo que se nos ocurra. La variabilidad entre personas es enorme, por eso debes buscar en qué parte del cuerpo percibes mejor esa sensación de bienestar.

Si al poner la atención en la sensación agradable la mente divaga, vuelve a llevarla una y otra vez a la sensación. Pero, si ves que no puedes mantener allí la atención, es que has hecho el cambio a la sensación agradable demasiado pronto. Deberías volver otra vez al objeto que has usado para la concentración de acceso. Y, por supuesto, si la sensación agradable desaparece, de nuevo es un indicio de insuficiente atención, y debes volver una vez más al objeto usado para la concentración de acceso.

Otro de los problemas que aparecen es poder soltar la atención a la respiración. Llevas años usando la respiración como anclaje, no solo en las prácticas formales, sino, a menudo, también en las informales. Cuando lleves la atención a la sensación agradable, parte de tu concentración o toda ella tenderá a irse a la respiración, simplemente por inercia. Debes ser suficientemente flexible como para poder abandonar la respiración cuando desees. Por supuesto, esto es más fácil de decir que de hacer, hay que entrenarlo.

Cuando pones la atención en la sensación agradable, no debes hacer nada más, no hace falta esforzarse. Esto es lo más difícil, dada la tendencia de nuestra mente a «hacer algo». De forma natural, la sensación crecerá en intensidad. No ocurre de forma lineal, sino que presenta altibajos. Si sientes la sensación agradable solo en una parte del cuerpo, debes ampliar la experiencia a todo el cuerpo. Tendrías que sentirte bañado completamente por la experiencia de bienestar y bendición. Al principio es una sensación física que no resulta familiar en la vida ordinaria, porque es un fenómeno sensorial extremadamente agradable. Hasta ahí sería algo físico (en la tradición budista se denomina *piti*), pero, con el tiempo, ese bienestar es también mental, y aparece una sensación de alegría y felicidad que se ha denominado *sukha* (lo contrario a sufrimiento o *dukkha*). Por eso, algunos autores llaman a este fenómeno *pitisukha*, ya que se mezclan ambos aspectos, aunque siempre el inicio suele ser físico. Puedes tener el control de este fenómeno e incluso dirigirlo. Una vez que has aprendido a desarrollarlo, puedes hacer que surja cuando quieras y que dure lo que desees.

Experiencias durante la concentración de acceso

En los momentos en que desaparece el diálogo interno, pueden existir muchas imágenes visuales: pueden ser agradables, como una deidad, terribles, como un demonio, o atractivas, como un caleidoscopio. Son pensamientos disfrazados, nada especial. Hay que dejarlos pasar y volver al objeto de anclaje. Aparte de experiencias como soñar despierto, los meditadores describen situaciones de expansión, de flotar o de fluir. Prácticamente, cualquier experiencia humana es posible en ese momento. No las temas ni te enorgullezcas, no las persigas ni las rehúyas; simplemente, sigue anclado en el objeto de atención.

Claves para desarrollar la concentración de acceso

Por tanto, lo importante no es dónde surge la sensación agradable, sino:

1. Que surja esa sensación agradable.
2. Que podamos poner la atención en lo agradable de la sensación, no en la sensación en sí.
3. Que podamos mantenernos suficiente tiempo en ella, sin hacer nada más y sin ninguna expectativa hasta que el primer *jhana* aparezca.

Si hacemos esto, la sensación agradable irá aumentando, se hará más y más intensa. Esto no ocurre de modo lineal, sino que, a menudo, crece algo, luego otro poco, con el tiempo puede disminuir hasta casi desaparecer, posteriormente puede crecer algo, y en algún momento puede estallar y llevarte a lo que es un «estado alterado de conciencia». En este estado alterado, aparecerán el éxtasis, el rapto, la euforia, el deleite. Todo ello son traducciones de la palabra pali *piti*, y en sánscrito *sukha* (lo opuesto a *dukkha*, que significa «dolor, sufrimiento»). *Piti* es una sensación física que induce ese estado alterado y que se acompaña de alegría y felicidad. Si te mantienes de forma unidireccional en ese estado, alcanzas el primer *jhana*.

La parte más difícil de todo este proceso, después de alcanzar el estado de práctica ausencia de pensamiento, focalizándose en la sensación agradable, es permanecer en lo agradable de la sensación agradable, sin buscar ni esperar nada más, sin forzar nada. Hay que centrarse solo en lo agradable de esta sensación: no en la intensidad, en la localización ni en la duración, tampoco en si está aumentando, disminuyendo o permanece igual. Solo centrarse en lo agradable de la sensación agradable.

Esto es especialmente difícil, porque aparecen pensamientos del tipo: «Se supone que algo tendría que ocurrir», y generas una expectativa. O cuando lo agradable se incrementa, piensas: «Genial, ya está ocurriendo, pronto llegará». O nada pasa, e intentamos forzar algo para que ocurra. Nada de eso funciona. El mayor impedimento es generar expectativas.

Solo puedes generar las condiciones para que aparezcan los *jhanas* cultivando una mente calmada, focalizada en lo agradable de la sensación agradable, y no hacer nada más. Cualquier otra acción impide la aparición de los *jhanas*. Pero no esperes que aparezcan pronto; de hecho, no esperes nada. La posibilidad de experimentar los *jhanas* en un retiro es proporcionalmente inversa al deseo de obtenerlos. Sin embargo, si deseas experimentar un *jhana* y tienes apego hacia esa experiencia, has generado un deseo sensorial y un estado mental impuro, no virtuoso. Tienes que abandonarlo para entrar en *jhana*. Tampoco mantengas expectativas sobre las experiencias de placer asociadas a la meditación: no suelen ser drásticas ni rompedoras, sino sutiles y refinadas. Es una felicidad que se describe como «el gran alivio», porque es tranquila y estable. En cualquier caso, los estados jhánicos apenas pueden advertirse mientras estás en *jhana*; solo se perciben claramente antes de entrar y después de salir de este estado.

¿Cómo se llega al primer *jhana*?

La concentración de acceso describe la ausencia de obstáculos en la mente, unida a la presencia de factores jhánicos fuertemente desarrollados. Alcanzas el primer *jhana* con la sensación bella y agradable que surge de haber subyugado los obstáculos y de practicar *mettā*. Tu alegría y felicidad surgen de estar separado de todas tus actividades mundanas y de los obstáculos, principalmente el apego y el rechazo, que surgen por ellas. Ahora puedes disfrutar de la soledad y la paz que se alcanzan en este estado. La concentración todavía no es muy profunda, pero existe, y experimentas la felicidad y libertad de haber dejado atrás los sinsabores de lo mundano. Hay también algo de ecuanimidad, pero ni ella ni la concentración son las características prominentes del primer *jhana*.

Ahora que no hay obstáculos, que han desaparecido, la respiración es imperceptible; parece que se ha parado. No hay que preocuparse por ello. La atención puede situarse en el «recuerdo» de la respiración para seguir profundizando en la concentración.

Cuando aparezca la genuina concentración jhánica, experimentarás generosidad, amistad y compasión, que ya habías cultivado antes al meditar en lo opuesto a la codicia, el odio y la crueldad. No son pensamientos, serían como las sombras de la generosidad, amistad y compasión que están en la base de la no codicia, el no odio y la no crueldad. También experimentarás la alegría, la felicidad y la concentración que han contrarrestado a la somnolencia, la inquietud y la duda.

Cuando te encuentres en la concentración de acceso, hazte consciente de que la felicidad no puede ser alcanzada mediante los placeres sensoriales o generando pensamientos interesantes, por lo que reconocerás que la reclusión es una fuente de gozo. Anclado en el objeto, y gracias al deleite que se produce por la intensa atención, dejarás pasar los pensamientos, las preocupaciones por asuntos personales y las sensaciones, alcanzando una concentración no forzada y sin interrupciones, mientras permaneces centrado en la actividad de conectar y sostener.

¿Qué hacer si se pierde *jhana*?

Si tu energía jhánica decae, es posible que te des cuenta de cómo los sonidos o las sensaciones corporales aparecen en tu meditación. En ese momento, es importante generar gozo y actuar con cuidado. Si la mente se distrae, tan solo deja como está esa percepción, alimenta la ecuanimidad y reconecta suavemente con la sensación agradable. No emplees demasiada energía, porque se producirá proliferación mental.

7. Bondad amorosa o benevolencia (*mettā*)

> Quien se ama a sí mismo
> no puede hacer daño a otros.
>
> Buda, *Udāna*, 47

Orden y forma de practicar de los *brahmavihāras*

Ya hemos visto en el capítulo 4 que, en diferentes escuelas budistas, existen distintos modelos de practicar los inconmensurables y variaciones sobre con cuál de ellos empezar. Hemos expresado nuestra opinión de que, para practicantes occidentales, lo más adecuado suele ser empezar con la bondad amorosa, como es también lo más frecuente en el budismo. La compasión, cualidad y tipo de psicoterapia que empieza a estar muy extendida en Occidente asociada a mindfulness, confronta con el sufrimiento ligado a la existencia humana, lo que produce, frecuentemente, reacciones de malestar entre los practicantes. Por esa razón, suele ser más sencillo y amable iniciarse con la bondad. La ecuanimidad es, sin duda, el inconmensurable más difícil de aceptar por los occidentales, porque nuestra cultura está basada en una fuerte polarización dual entre el bien y el mal, donde se debe premiar a los justos y castigar a los injustos, por lo que la ecuanimidad rompe claramente esquemas culturales.

En cuanto a la forma de practicarlos, los inconmensurables pueden practicarse como si fuese un *jhana* o absorción, es decir, como una meditación atencional, queriendo buscar este elevado estado de meditación. Ya hemos comentado los requisitos de tiempo que requieren y que deben practicarse bajo la guía de un maestro.

Pero nuestra propuesta para las personas que se inician en este tipo de meditaciones es que se practique como una meditación generativa, para ir desarrollando, poco a poco, estas cualidades de la mente tan maravillosas, que cambiarán nuestra vida como meditadores y nuestras relaciones interpersonales. Practicadas así, no es necesario un maestro, y su efecto es transversal y grandioso, permitiéndonos profundizar en cualquier tipo de meditación que sigamos.

Concepto de bondad amorosa

La palabra que se usa en sánscrito para describir la bondad amorosa es *maitri*, y en pali, *mettā*, y están relacionadas con la palabra *amigo*. Algunos autores como Wallace (2018) la traducen como simpatía, es decir, un comportamiento amigable. Pero *mettā* es, sobre todo, una cualidad de la mente; aunque, como es lógico, también se demuestra en el comportamiento.

En la literatura referente a la meditación, la bondad amorosa suele definirse como el deseo de que todos los seres disfruten de la felicidad y el bienestar físico y mental, y de sus causas. Por otra parte, el objeto de la bondad amorosa puede ser uno mismo, cualquier otro ser humano y cualquier ser vivo o sintiente. A menudo, esa emoción podría trasladarse al mundo vegetal o, incluso, a la Tierra o al Universo, considerados como seres vivos que nos acogen. El *Cántico de las criaturas* de San Francisco de Asís sería un buen ejemplo. Sin embargo, y sobre todo al principio, se recomienda que el objeto de los cuatro inconmensurables sean seres sintientes.

Generar esta emoción no significa que tengamos que salvar el mundo de las guerras o poner fin a la pobreza. Si este fuera el caso, tendríamos que concluir que todos los grandes líderes espirituales, como Cristo y el Buda, fracasaron en su cometido. Por el contrario, cultivar y practicar la bondad amorosa supone que debemos generar el deseo, desde lo profundo de nuestro ser, de que la felicidad y la paz se extiendan por doquier. Sin embargo, este no es un deseo que sopesamos de vez en cuando para luego olvidarlo, sino que se trata de una intención que cultivamos y nos esforzamos en que nos acompañe en cada momento de nuestra vida.

Con una sola vela es posible encender mil velas, y cada una de ellas puede encender, a su vez, otras mil. La práctica de la bondad amorosa se refiere, principalmente, a encender en nuestro interior la vela de la bondad, la cordialidad y la sabiduría, permitiendo que, de manera constante, esa luz se haga cada vez más intensa y toque de forma creciente a más seres vivos. De una mente imbuida de bondad amorosa emana sin esfuerzo felicidad y cordialidad, y la onda expansiva de esta energía positiva se extiende gradualmente por todo el orbe (Shonin y cols., 2019).

El grado en que conseguimos cultivar la bondad amorosa en nuestra mente y nuestro corazón influye de manera significativa en la forma en que pensamos, sentimos y actuamos hacia una determinada persona o situación, y también en cómo pensamos, sentimos y actuamos hacia nosotros mismos. Por ejemplo, dependiendo de si en un momento dado experimentamos bondad hacia nosotros mismos y los demás, un comentario neutral de nuestro jefe puede ser interpretado de manera muy distinta. Si resulta que hemos acudido a trabajar con una mente negativa y egoísta, y el jefe nos pide una sencilla explicación de por qué algo ha salido mal, podemos suponer, automáticamente, que está sugiriendo que nosotros tenemos la culpa. Es muy probable que la reacción inmediata ante tal situación sea que los sentimientos de ira y preocupación empiecen a adueñarse de nuestra mente. Podemos creer entonces que el jefe nos tiene manía y decir cosas de las que luego nos arrepentiremos. Sin embargo, si nos sentimos seguros y estables, y si amamos a los demás, es más probable que percibamos que nuestro jefe solo está haciendo su trabajo y formulando una pregunta adecuada. En ese caso, responderemos con confianza, para luego seguir adelante y disfrutar del resto de nuestra jornada sin pensar más en ello.

En el *Dhammapada*, el Buda dijo lo siguiente (Buddharakkhita, 1986):

> Todo lo que experimentamos es precedido por la mente,
> dirigido por la mente, hecho por la mente.
> Habla o actúa con una mente corrupta, y el sufrimiento seguirá
> como la rueda del carro sigue el casco del buey.
> Todo lo que experimentamos es precedido por la mente,
> dirigido por la mente, hecho por la mente.
> Habla o actúa con una mente tranquila,
> y la felicidad seguirá como la sombra que nunca te abandona.

En lugar de depender de factores externos, la felicidad es, en última instancia, una elección que llevamos a cabo. Si queremos experimentar felicidad incondicional, debemos centrar todos nuestros esfuerzos en entrenar la mente para cambiar el modo en que se relaciona con el mundo y lo experimenta. Al principio, esto no es algo fácil de llevar a cabo, pero tampoco es algo imposible. Se trata de empezar y de insistir en ello. Si lo hacemos de este modo, no pasará mucho tiempo antes de que nuestros esfuerzos comiencen a dar fruto.

Los enemigos de la bondad amorosa

En el budismo, desde el siglo v a.c. e introducido por el sabio Buddhaghosa (Nanamoli, 1995), se utiliza el concepto de «enemigos lejanos», que son características que a menudo consideramos opuestas a una cualidad, como en este caso pueden ser la bondad amorosa y la crueldad, y «enemigos cercanos», que son superficial o externamente muy similares, pero en el fondo difieren de forma significativa. Desarrollaremos ambos enemigos al hablar de cada uno de los cuatro inconmensurables.

a) El enemigo lejano: el odio

El enemigo lejano de la bondad amorosa es el odio o la animadversión. A menudo, suele ir teñido de desprecio, que es un odio mezclado con una sensación de superioridad. Los enemigos se trabajan con meditación discursiva. Así, podemos pensar cómo afecta el odio a las comunidades y a los individuos.

• *Impacto sobre las comunidades.* Podemos reflexionar sobre las sociedades divididas tras guerras civiles, como ocurrió en España en el siglo xx o en Estados Unidos en el siglo xix; o sobre los conflictos internos como en Colombia o Irlanda del Norte. Son sociedades donde el miedo, el odio, la desconfianza son tan elevados que cualquier crecimiento social o económico es casi imposible.

- *Impacto individual.* También podemos pensar, respecto al odio, a nivel individual, las veces en que hemos sentido odio hacia otras personas y qué situaciones las han producido. Si una persona alberga odio hacia los demás, eso también suele significar que se odia a sí misma. Hay una tendencia a desplazar ese odio hacia fuera para no autodestruirse. En cualquier caso, la relación con los demás y consigo misma será defectuosa. Por el contrario, podemos imaginar cómo sería nuestra vida en ausencia de odio y animadversión.

Buddhaghosa (2016) dice que el odio nos perjudica a nosotros mismos. Consigamos hacer daño o no a la otra persona, produce un estrés crónico y un aumento de las enfermedades físicas y mentales, como defiende la «teoría de la neuroinflamación», predominante en la medicina actual. Esta teoría dice que el cortisol, crónicamente aumentado por el estrés, y el odio es una forma crónica de estrés, alteraría el sistema de interleucinas y citocinas, con predominio de las proinflamatorias sobre las antiinflamatorias. Esta inflamación sutil iría destrozando diferentes órganos, como el sistema cardiovascular (hace años que sabíamos que el estrés facilita infartos de miocardio y coronariopatías), aumentaría la probabilidad de padecer cáncer, incrementaría el riesgo de diabetes y promovería la depresión. Si pensásemos en el daño que nos hacemos a nosotros mismos odiando a alguien, intentaríamos erradicar este sentimiento. Como dice el Dalái Lama: «Sed egoístas, no odiéis a nadie».

Uno de los ejemplos más impresionantes de superación del odio es el de Tenzin Choedak, médico personal del Dalái Lama en el Tíbet.

Cuando China invadió ese país, fue capturado y pasó en la cárcel dieciocho años sufriendo torturas hasta la muerte de Mao Zedong. Cuando pudo salir de China, se reunió con el Dalái Lama y volvió a ser su médico. Él relataba que jamás sintió odio hacia sus enemigos mientras estuvo en la cárcel, y que su mayor miedo fue desarrollar animadversión hacia ellos. Él también decía que, si los odiase después de salir de China, todavía estarían controlando su mente.

- ***Cómo modifica nuestro odio a la persona odiada.*** El odio cosifica a las personas, simplifica su enorme complejidad, y odiamos a la persona por un rasgo de personalidad, una idea o una conducta, olvidándonos de los miles de matices que también tiene esa persona. Es imposible odiar a una persona real con sus múltiples circunstancias. El odio solo quiere justificarse y alimentarse, no comprender o solucionar.

- ***Técnicas para romper el odio:***
  a) Una de las recomendaciones para vencer el odio es intentar entender la biografía de las personas, sus circunstancias. Freud decía que «la biografía es el destino». Si hubiésemos tenido la misma biografía que esa persona, seguramente estaríamos haciendo lo mismo.
  b) Buddhaghosa (2016) recomienda que nos miremos a nosotros mismos, y al enemigo, buscando el yo. Nuestros procesos mentales cambian en pocos minutos: podemos estar alegres ahora y profundamente abatidos diez minutos después. Sin embargo, el odio es muy estable, puede durar años. La hostilidad se aferra a un episodio aislado y lo alimenta sin parar. Pero ese episodio ya pasó, no existe. Y la persona que éramos nosotros, y que fue ofendida, ya no existe, porque ha cambiado (realmente

nunca existió). Lo mismo ocurre con la otra persona: ¿Con quién nos enfadamos? ¿Con su mente que pensó el acto, con su cuerpo que lo ejecutó? La persona que realizó esa conducta ya no está, ha cambiado enormemente.

c) Otra de las sugerencias es intentar ver algo bueno en esa persona que odiamos. Seguro que tiene amigos, que hay personas que la quieren, que muestra emociones y conductas cariñosas hacia ciertas personas o animales. En suma, que no todo en ella es oscuro y negativo, que hay áreas de bondad. El gran maestro de mindfulness Fernando de Torrijos llama a esto «buscar la joya» en la otra persona, buscar lo valioso de ella y admirarla por eso.

d) Por último, si nada de esto funciona, lo que recomienda Buddhaghosa (2016) es dar o recibir un regalo de esa persona, recibir algo bueno de ella: esto suele empezar a romper el hielo. Por supuesto, este acto requiere una mente con gran entrenamiento mental.

• *El problema de la ira justificada*. En el mundo existen muchas cosas que funcionan mal y cuyos responsables son algunos seres humanos. Ante la injusticia, sentimos que hay que hacer algo, porque, si no, estamos consintiendo, colaborando para que la injusticia y el sufrimiento se perpetúen. El odio encuentra campo abonado en esas circunstancias. Hay personas cuyas conductas o pensamientos producen la injusticia, nuestro odio las cosifica y las conductas violentas hacia ellas parecen justificadas. A veces, leemos noticias sobre individuos que no son amables con los animales y que reciben amenazas de violencia, incluso amenazas de muerte, por parte de personas que supuestamente aman a los animales. Sin embargo, este es un ejemplo de animadversión y de odio que fomenta aún más la animadversión y el odio. Como decía el Buda: «El odio solo puede ser vencido por el amor». Cuando se permite que el odio crezca en la mente, este puede arruinar rápidamente el valor de toda una vida de práctica espiritual. De hecho, a lo largo de la historia de la humanidad, muchas guerras, terrorismo, destrucción y odio se han generado defendiendo «una causa justa».

Pero también se puede responder a la agresión de forma pacífica. Así, tenemos ejemplos como los de Gandhi en la India colonizada por los ingleses, Mandela combatiendo el *apartheid* en Sudáfrica o Martin Luther King contra el racismo en Estados Unidos. Muchas veces el odio y la violencia son hijos del miedo. El psicólogo alemán Eric Fromm decía que: «El amor es la ausencia de miedo». Luther King decía: «Nunca se debe sucumbir a la tentación de la violencia. Cuando luchas por la justicia, asegúrate de hacerlo con dignidad y disciplina, usando solo el instrumento del amor» (Feldman, 2017).

La respuesta adecuada según las tradiciones espirituales es la paciencia. Esta cualidad tiene mala fama en Occidente, porque se considera, como la aceptación, sinónimo de pasividad y claudicación. En la tradición budista, un instante de odio puede arruinar ingentes cantidades de karma positivo acumulado, por eso el Buda afirmaba que la paciencia es la mayor virtud y la más difícil (Wallace, 2018):

> No hay una norma más importante que la paciencia. No hay mayor atributo que la contención. A quien tiene paciencia en la fuerza, de forma continuada, es a ese a quien yo denomino un brahmán. No existe nada más grande que la paciencia.

Pero ¿cuándo aplicar la paciencia? El gran meditador y erudito Shantideva, en su capítulo sobre la paciencia del *Bodhisatvacaryavatara*, o «La práctica del *bodhisattva*», dice que, cuando una situación genera en nosotros una necesidad de respuesta que es agresiva, ahí hay que aplicar la paciencia hasta que la ira se calme. Cualquier solución que tomemos, si está impregnada de ira, no resolverá nada, sino que generará más problemas. Debemos buscar alguna solución alternativa no iracunda.

b) Enemigo cercano: apego o afecto egoísta

El enemigo cercano de la bondad amorosa es mostrar afecto egoísta o apego hacia los demás, lo que también se ha denominado «amor condicionado» o, en psicología, cuando se habla de parejas, «amor romántico». Si hacemos algo amable con la intención de recibir unas palmaditas en la espalda, esta es una forma distorsionada de bondad amorosa. A algunas personas les gusta escuchar palabras como «Oh, qué bueno eres», o «Eres tan amable». Sin embargo, a las personas que practican realmente no les preocupa ser elogiadas o reconocidas por sus acciones. La bondad amorosa solo es parte de lo que somos y lo que hacemos. Si la gente elige alabarnos, eso está bien, pero no buscamos alabanzas.

En un nivel más intenso y complejo, la relación con las parejas, sobre todo, aunque también con familiares, es una muestra de este apego. Queremos a estas personas mientras nos quieran a nosotros, mientras su conducta nos produzca satisfacción. Pero si dejan de querernos o no nos gusta su funcionamiento, es fácil pasar del «amor» (realmente del apego) al odio. La genuina bondad amorosa es completamente incondicional y abarca a todos los seres vivos, con independencia de si se lo «merecen» o no. La bondad amorosa se otorga libremente y sin ninguna expectativa de retorno. Se afirma que la bondad amorosa es el fundamento sobre el cual debe construirse la compasión, porque, para sentir empatía hacia aquellos que sufren, incluyéndonos a nosotros mismos, debemos, con todo nuestro corazón, desear el bienestar de los demás.

Como afirmaba el Buda (*Udāna* 8:3):

> Para alguien que se apega, el movimiento existe; pero para alguien que no se apega, no hay movimiento. Cuando no hay movimiento, hay quietud. Donde hay quietud, no hay ansia ni deseo. Si no hay deseo, ni se va ni se viene. Cuando ni se va ni se viene,* no hay surgimiento ni fallecimiento. Cuando no hay surgimiento ni fallecimiento, no hay este mundo, ni un mundo más allá, ni un estado entre ambos. Este, en verdad, es el final del sufrimiento.

Cultivar la bondad amorosa mediante la práctica formal

La práctica de los cuatro inconmensurables presenta una estructura común que describiremos en otra sección de este capítulo y que se repite con mínimas modificaciones para cada uno de ellos. Al final de cada uno de los cuatro capítulos sobre los inconmensurables, está descrita la meditación como tal, que además hemos grabado en audio para que pueda practicarse de forma más cómoda. Pero, aparte de esta meditación tan específica, existen otras formas de desarrollar cada una de estas cualidades, de modo formal e informal, que desa-

---

* De hecho, la forma en que el Buda se denominaba a sí mismo era el Tathāgatha (el así ido y así venido, alguien que no va ni viene, que no genera movimiento).

rrollaremos en cada capítulo. Para la bondad amorosa, sin embargo, no describimos ninguna meditación formal específica. Todas las que describimos en el capítulo 5 serían prácticas formales que facilitan los cuatro inconmensurables, y, especialmente, la bondad amorosa, que es con el que vamos a empezar.

Práctica informal de la bondad amorosa

El objetivo final es que la bondad amorosa se convierta en nuestro modo de ser normal, natural y espontáneo. Sin embargo, hasta que eso suceda, y lo hará tarde o temprano si practicamos, tenemos que confiar en prácticas y técnicas específicas para interrumpir el pensamiento y los patrones de comportamiento inadaptados. Una práctica útil consiste en la repetición de frases específicas. El siguiente es un ejemplo de práctica o meditación informal que puede ser practicada para cultivar la bondad amorosa, hacia nosotros mismos y los demás, en cualquier situación de la vida diaria. Cuando llevemos a cabo esta meditación, podemos verbalizar las frases o, si lo deseamos, simplemente repetirlas mentalmente (Shonin y cols., 2019):

> Al inspirar, siento que la paz impregna mi cuerpo y mi mente.
> Al espirar, me relajo y me siento bien en mi cuerpo y mente.
> Al inspirar, siento una felicidad sosegada que crece en mí.
> Al espirar, me relajo y me sumerjo en esta felicidad.
> Al inspirar, recuerdo que estoy vivo en el aquí y ahora.
> Al espirar, me sonrío amablemente.
> Al inspirar, recojo sentimientos de felicidad en mi corazón.
> Al espirar, dirijo esta felicidad a lo más profundo de mi ser.

Al inspirar, me siento despierto y vivo.
Al espirar, me siento nutrido y revitalizado.

Al poner en práctica esta meditación, podemos, de vez en cuando, intercambiar la frase «Al espirar, dirijo esta felicidad a lo más profundo de mi ser» por «Al espirar, dirijo esta felicidad a lo más profundo del corazón y la mente de otras personas».

Además de a la «gente en general», también podemos seleccionar a individuos específicos para que sean los receptores de nuestros sentimientos de bondad amorosa. Por ejemplo, podemos decir: «Al espirar, dirijo esta felicidad a lo más profundo del corazón y la mente de mi querida amiga XXX»; o bien: «Al espirar, dirijo esta felicidad a lo más profundo del corazón y la mente de mi jefe, que me hace sufrir cuando estoy en el trabajo».

También podemos canalizar sentimientos de bondad amorosa hacia situaciones específicas en las que podamos o no estar personalmente implicados. Por ejemplo, podemos decir: «Al espirar, dirijo esta felicidad a los corazones y mentes de mis hermanos y hermanas que experimentan hambre y enfermedades en África»; o bien:

«Al espirar, dirijo esta felicidad a los corazones y mentes de todas las personas que, al igual que yo, están comprometidas con la práctica de la atención».

Podemos sentarnos en una postura formal de meditación, pero también podemos practicarla cuando estamos, por ejemplo, desplazándonos en el coche, trabajando en el ordenador, comiendo en el trabajo, paseando o cocinando.

Estructura común de la meditación en los cuatro *brahmavihāras*

El desarrollo de los *brahmavihāras* tiene unos pasos progresivos que siempre son los mismos. En el budismo tibetano, la irradiación de las cualidades sublimes a los otros seres no es algo sistemático y estructurado, como en la escuela Theravada, sino de forma más libre y espontánea, sin generar las categorías previas, irradiando a todos los seres por igual y sin categorías. La razón reside en que, generalmente, esta práctica se aborda cuando se tiene ya gran experiencia meditativa. En los *sutras* no se describe este modelo progresivo, realizándose igual que en el budismo tibetano, lo que constituye un modelo más emocional y no tan cognitivo. Sin embargo, el modelo progresivo clásico de Theravada suele ser más fácil de implementar en fases iniciales de la práctica meditativa, y, por eso, lo seguiremos aquí. El orden que se sigue es: a) uno mismo, b) personas queridas, c) personas neutras, d) personas difíciles, y e) todos los seres.

a) La bondad hacia uno mismo

Buddhaghosa (2016), uno de los grandes estudiosos del budismo, recomienda empezar generando bondad amorosa hacia nosotros mismos. Esto está en línea con la afirmación del Buda: «Quien se ama a sí mismo no puede hacer daño a otros» (*Udāna,* 47). El primer paso consiste en fomentar la bondad amorosa hacia nosotros mismos. Esto no siempre es fácil, ya que la baja autoestima y el autodesprecio son muy comunes en las sociedades modernas, sobre todo occidentales. La razón parece ser el extremo grado de perfeccionismo y éxito que nos autoimponemos en todos los ámbitos de la vida, siendo difícil destacar en todos ellos. En las culturas orientales, como la tibetana, hay una mayor tendencia a ser bondadoso con uno mismo, a quererse y no autocriticarse (Wallace, 2018). En cualquier caso, y aunque tengamos una pésima imagen de nosotros mismos, el tema clave es que aún continuemos buscando la felicidad y considerando que la merecemos. Este es el punto de partida clave en el budismo: todos los seres vivos buscamos la felicidad.

Una de las dificultades que encuentra la gente para darse afecto a sí misma es el hecho de «merecérselo». No hay que quedarse enganchado a esto. *Mettā* es amor incondicional, y, en este concepto, «merecerlo» no está incluido, ya que no existe ningún requisito necesario para este amor incondicional. Tampoco los demás tienen que merecerlo, no es necesario. En cualquier caso, si se presenta una depresión en fase activa, es posible que esta parte de la práctica sea especialmente difícil, por lo que quizá se deberían usar otras prácticas de autocompasión y no esta.

Cuando albergamos amor incondicional hacia nosotros mismos, todos nuestros pensamientos, palabras y acciones se transforman en una expresión de dicho amor. Hasta que resolvamos los conflictos que hay en nuestro interior, no nos hallaremos en una posición segura para tratar de resolver los conflictos y problemas que existen en el mundo que nos rodea. Si tratamos de convencer a otros de que vivan de manera pacífica y responsable, cuando albergamos tensión y conflicto en nuestro propio corazón, entonces, a pesar de nuestras mejores intenciones, lo único que conseguiremos será generar más sufrimiento y confusión (Shonin y cols., 2019).

b) Personas queridas

El siguiente paso es desear la felicidad a una persona querida, alguien que amemos y que también admiremos. Pensamos en sus deseos y aspiraciones, y le deseamos la máxima felicidad. Se recomienda que no elijamos a una persona de la que estemos enamorados porque es fácil que surja el apego. En cada nivel, se trabaja con más de una persona, por lo que podemos elegir a un hijo o a un familiar, y también a un amigo. Todos ellos nos son conocidos, y podemos desear que sus anhelos y objetivos se cumplan, porque sabemos cuáles son.

c) Personas neutras

Son personas que apenas conocemos. Podéis imaginar a alguien de otro país, de otra ciudad. También a alguien que veáis de vez en cuándo, sin más: un compañero de trabajo, si vuestra empresa es muy grande; un vecino con el que solo os habéis dado los buenos días en el ascensor, etcétera. No sabéis cuáles son sus deseos y anhelos, pero les deseáis también que «sean felices, que encuentren la paz».

d) Personas difíciles

Son personas de las que nos alegraríamos si las cosas les fueran mal, y nos entristeceríamos si les fuera bien. Resulta difícil dirigir hacia ellos bondad amorosa o compasión, porque sentimos que «no lo merecen». Ya hemos hablado que *mettā* es amor incondicional, no hace falta merecerlo. Podemos usar algunas de las estrategias que hemos descrito antes para perdonar y manejarnos con los enemigos. En nuestro libro *La práctica de la compasión* (García Campayo, 2022), desarrollamos ampliamente las estrategias para generar el perdón. Si no somos capaces de sentir bondad amorosa hacia los enemigos, hay que reconocerlo y ya está, y darnos bondad amorosa a nosotros, deseando que algún día podamos resolver este tema.

e) Todos los seres

En este momento, superadas las barreras y categorías de amigo-enemigo-neutral podemos irradiar lo que sea a todos los seres. En esta fase, sentimos que nuestra bondad amorosa se desparrama por las cuatro direcciones, y puedes pensar: «Que los seres que viven en el norte sean felices y tengan paz», y así con las otras tres direcciones. También se puede empezar desde el principio irradiando en las cuatro direcciones.

Hay escuelas que recomiendan empezar directamente con todos los seres, sin hacer las fases previas de amigo, neutro y enemigo. Sin embargo, como afirma Wallace (2018), creemos que es importante haber trabajado inicialmente con individuos reales, porque es muy frecuente en algunas personas un cliché de amor genérico, del tipo: «Amo a toda la humanidad, pero no soporto a las personas». Eso no es bondad amorosa, es una fantasía que refuerza el ego.

Según Tara Rimpoche, recogido por Wallace (2018), habría una diferencia en el desarrollo de los inconmensurables entre monjes y laicos, diferencia que hemos comentado al revisar cómo se practican en diferentes escuelas. Los monjes de las tradiciones budistas, cuando renuncian a la vida laica de pequeños, renuncian también al apego. Así mismo, desarrollan la ecuanimidad al romper los lazos con la familia y considerar, desde ese momento, a todos los seres humanos como igual de importantes. A partir de ahí, tienen que desarrollar bondad amorosa y compasión; es decir, partiendo de la ecuanimidad, generan la bondad amorosa y la compasión.

Sin embargo, los laicos, aferrados a la familia que han formado, conocen bien la bondad amorosa y la compasión que dirigen habitualmente hacia su familia, siempre teñidos de apego. Pensemos que alguien que quisiese a sus hijos justo igual que a cualquier otro niño sería considerado un mal padre. Para desarrollar la ecuanimidad, sienten que todos los seres son su familia, son «sus madres de otras vidas» (una metáfora clásica en el budismo tibetano). Es decir, desde el apego y la bondad amorosa/compasión, generan la ecuanimidad. Ambos formatos tienen ventajas e inconvenientes, y presentan dificultades específicas

Paso de meditación discursiva a absorción

Alcanzar los estados más profundos de meditación, las llamadas absorciones, solo puede lograrse con meditaciones no discursivas. Algunos de los soportes atencionales más utilizados para alcanzar las absorciones son no discursivos, como la respiración o la visualización de un objeto, como los *kasinas*. Por eso, los *brahmavihāras* se inician como meditaciones discursivas, repitiendo el inconmensurable en sánscrito, pali o español (p.ej., *mettā*, bondad amorosa). Posteriormente, se pasa a otro discurso, que son las frases, es decir, el componente cognitivo de la emoción (p.ej., «Que pueda yo y todos los seres ser felices»). En el siguiente paso, se usan imágenes que nos generen la emoción (p.ej., un niño o un cachorro de perro o de otro animal que inspiren ternura). Y, finalmente, uno deja de utilizar pensamientos, verbales o visuales, y mora en la emoción como tal. Solo desde allí podrá alcanzar las máximas profundidades de esta meditación.

La meditación discursiva inicial abre la puerta del corazón, permite conectar con la emoción. Pero una vez alcanzada esta, los pensamientos constituyen un lastre y hay que abandonarlos. De esta forma, el porcentaje de meditación no discursiva en la práctica de los inconmensurables será cada vez mayor, hasta que, al final, ocupará todo el tiempo.

A la vez, suele producirse una modificación en los objetos de *mettā*: ya no será necesario utilizar las clasificaciones, que no dejan de ser pensamientos verbales, de yo, amigos, neutros, enemigos y todos los seres. Desde el principio, irradiaremos la bondad a todos los seres, los cuales no podremos distinguir bajo ninguna categoría, dado que las categorías requieren lenguaje conceptual que ya habremos abandonado.

La práctica de *mettā* como soporte atencional para alcanzar los *jhanas*

Tienes que estar como mínimo 30 minutos en cualquier meditación para que tengas posibilidades de llegar a la concentración de acceso. Es difícil saber cuándo has llegado a ella. A veces puede surgir una luz difusa; pero, cuando meditamos en los *brahmavihāras*, este signo es menos frecuente que cuando usamos mindfulness en la respiración.

Los dos marcadores principales son: 1) la atención está totalmente focalizada en la emoción de *mettā* sin ninguna distracción, y 2) no hay sensación subjetiva de tiempo, porque no hay diálogo interno. En ese momento, abandona la emoción de *mettā* y salta a una sensación corporal agradable, que seguramente encontrarás en la zona del corazón o en el pecho. Fúndete en esa sensación y espera a que aparezca *jhana*. Podrías quedarte en la sensación agradable asociada a la emoción de *jhana* sin ir al cuerpo, aunque suele resultar más difícil alcanzar *jhana* si no hay un soporte corporal.

En cualquier caso, si quieres alcanzar *jhana*, a partir de esos 30 minutos ya no debes usar palabras (pensamientos verbales) o imágenes (pensamientos visuales) para mantener la emoción, debes quedarte en la pura emoción. Los pensamientos, ya sean verbales o visuales, impiden la aparición de *jhana*. Si observas que la atención se distrae, lo cual es bastante habitual, puedes volver a generar *mettā*, con palabras o imágenes, o ir al mindfulness de la respiración. En ambos casos, intenta estabilizar la atención el tiempo suficiente para luego pasar a la sensación agradable que consideres y volver a dejar de lado los pensamientos. Si tienes problemas para alcanzar la concentración de acceso, en la siguiente meditación mantente más tiempo en *mettā*. Si te sigue ocurriendo, es posible que necesites, tras *mettā*, hacer un tiempo mindfulness en la respiración antes de pasar a la sensación agradable.

Buddhagosha (2016) identifica algunas limitaciones importantes a la hora de alcanzar *jhana* si utilizamos *mettā*. Como, al final de la meditación para alcanzar la concentración de acceso, hay que elegir un único objeto, nunca debemos utilizar como objetos: 1) a nosotros mismos: por alguna razón, este soporte reforzaría nuestro yo y dificultaría la absorción, en la que el ego se diluye; 2) una persona muerta: podemos usar como soporte algún amigo, neutro o incluso enemigo, pero siempre vivo. Parece ser que una persona ya muerta no estimularía bastante nuestra mente para generar la bondad amorosa, ya que sabemos que nunca le llegará.

Mettā es un buen anclaje para llegar a *jhana*. Como se estudia cuando se analizan los factores jhánicos, *mettā* puede producir una sensación de felicidad tan intensa que es posible que llegues a *sukha* (profunda felicidad, gozo y contento) sin pasar por *piti* (deleite). No hay problema, céntrate en *sukha*, no busques *piti*. Lo que ocurrirá será que saltarás al segundo *jhana* sin pasar por el primero. (Si quiere más información sobre el proceso de los *jhanas*, consulte libros específicos sobre este tema, ya que se sale del alcance de este texto sobre los *brahmavihāras*).

Curiosamente, en los *sutras* no se usa *mettā* para llegar a *jhana*, sino que ocurre al revés, se utiliza *jhana* para practicar *mettā*. Como se relata en el *Tevijja Sutra* (*Digha Nikāya* 13), una vez alcanzado *jhana*, se practica *mettā* y los otros *brahmavihāras*. En este caso, hay que mantener un bajo nivel de *piti*, porque si no produciría distracciones. También en el *Mahasudassana Sutra* (*Digha Nikāya* 17), se describe la práctica de los cuatro *jhanas* antes de desarrollar los cuatro *brahmavihāras*. La causa sería que uno debe encontrarse feliz y estable, y los *jhanas* permiten alcanzar ese estado, antes de poder irradiar la bondad amorosa y la compasión a todos los seres sin excepción. No obstante, algunas escuelas de meditación proponen lo contrario.

Se dice que para alcanzar los *jhanas* más elevados, con los *brahmavihāras* o con cualquier otro soporte, se ha de haber alcanzado la ecuanimidad, la ausencia de distinciones, categorías o barreras. Buddhaghosa (2016) nos aporta una especie de *koan* para que midamos nuestra ecuanimidad, y pregunta:

> Imagina que estás con tres personas: tu mejor amigo, alguien que te resulte neutro y tu peor enemigo, y apareciese un asesino que te

informarse de que iba a matar a uno de los cuatro y que tú elegirás quién. ¿Qué responderías?

Obviamente, si dices que maten a tu enemigo, queda claro que no has soltado tus prejuicios. Pero, curiosamente, Buddhaghosa insiste en que, si dices que te maten a ti, tampoco. Implicaría que te preocupas por los demás, pero que todavía hay preferencias o etiquetas. Si todas las barreras hubiesen desaparecido, no elegirías y contestarías: «No elijo, no voy a jugar a ese juego. Todas las personas son iguales».

La práctica del *brahmavihāra* de *mettā* o de la bondad amorosa

(Buddhagosha, 2016; Thera, 1958;
Feldman, 2017; Wallace, 2018;
Ayya Khema, 2022)

Grabada en audio

Es una absorción meditativa. No es un desarrollo intelectual como lo son otras meditaciones discursivas. Tampoco es exclusivamente atencional, aunque, al principio, llevamos la atención de forma consciente y con esfuerzo a la virtud. Pero, al final, tenemos que dejarnos absorber por la meditación sin generar esfuerzo.

1. Nivel uno: meditación discursiva sobre *mettā* y sus enemigos
(10-15 minutos)

a) Reflexión sobre *mettā*

Mettā es amor, sin deseo de poseer, conociendo que, en última instancia, no hay poseedor ni posesión. Este es el amor más elevado. Es un amor que no desea o espera nada de otras personas, más allá de su propia felicidad. No ama basándose en el «yo», porque conoce bien que lo que llamamos «yo» es una mera ilusión.

Mettā es un amor que no selecciona ni excluye, porque eso significaría crear contrastes, como el disgusto, la aversión o el odio; un amor que abraza a todos los seres: grandes y pequeños, lejanos y cercanos, buenos y malos. Los seres nobles y buenos son queridos porque el amor fluye espontáneamente. Y los seres limitados y malignos son amados porque son los que más lo necesitan, porque la semilla del amor murió en ellos por las circunstancias de la vida.

Amor que abraza a los seres de forma imparcial, y no solo a aquellos que nos son útiles, nos gustan o nos divierten, o que han hecho algo por nosotros. Amor para todos, porque todos son como nosotros: buscan la felicidad y evitan el sufrimiento, pero inevitablemente el sufrimiento los alcanzará.

b) Reflexión sobre el enemigo lejano: el odio

Reflexionamos sobre el odio extremo, que es el deseo de que a las personas odiadas les vaya mal. Reflexionamos sobre cómo cosificamos a la persona odiada. También sobre el odio más sutil, que se expresa con el deseo de que a esas personas, simplemente, no les vaya bien. Suele ir teñido de sentimientos de superioridad: «No son tan buenos como yo, yo me merezco más el bienestar». Ahí debemos ser conscientes de la subjetividad con que juzgamos a otras personas y nos juzgamos a nosotros mismos. Podemos pensar también en la ira justificada y en como, de nuevo, el razonamiento es subjetivo y genera más sufrimiento a todos. Sentimos que la base de todo odio es el miedo a perder nuestro estatus, posesiones o lo que sea. Y cerramos, pensando en las graves consecuencias del odio colectivo y en lo pernicioso que es para nosotros, respecto a la salud mental y física, cualquier forma de odio.

c) Enemigo cercano: el apego
El amor bondadoso no es el deseo sensual, la posesión, la necesidad de que las otras personas cumplan nuestras expectativas. Por el contrario, es un amor fluido, siempre estable, siempre presto a ayudar, independiente de su respuesta hacia nosotros. Hay formas de apego muy sutil, pero todas se resumen en comportarnos bien con otras personas no porque deseemos genuinamente su bienestar, sino con la expectativa de que nos lo devuelvan.

2. Nivel dos: meditación mediante el uso de palabras
(20-30 minutos)

a) Usar el nombre de *mettā*/bondad amorosa
Los meditadores como Bhikkhu Analayo enfatizan el uso del nombre del inconmensurable como tal. Podríamos repetirnos a

nosotros mismos la palabra «mettā», **o su traducción en nuestro idioma materno, y repetirlo periódicamente** (p.ej., bondad amorosa). No como un mantra, sino de vez en cuando, para conectar con la emoción. En esta sección, junto al nombre, podemos pensar en las cualidades de la emoción: deseo de felicidad hacia las otras personas, no esperar nada a cambio, sin apego. Esta parte de la práctica podría durar unos 5 minutos.

b) Usar las frases de *mettā*
En la segunda parte de este nivel, usaremos una frase que resuma la cualidad, y se repite varias veces. Es una práctica relativamente intelectual y cognitiva, por lo que va a haber personas, sobre todo si son más emocionales, a quienes no les sirva. Se debe ser consciente de que las palabras y, en menor medida, las imágenes dificultan la absorción, por lo que deben usarse solo de vez en cuando, tanto para generar la emoción como, una vez conseguida, para reforzarla cuando se diluya.

    Las frases que se utilizan al generar los *brahmavihāras* es mejor que sean cortas y sencillas para no intelectualizar ni dar pie al diálogo interno. Y las repeticiones deben ser de tres o, máximo, cuatro frases. Incluiremos algunos ejemplos de estas frases, pero deben ser generadas por cada uno, de manera que representen su expresión personal de la cualidad inconmensurable y que sean creíbles y aceptables por uno mismo.

    La estructura progresiva que se utiliza para irradiar la bondad amorosa es, según la práctica habitual de la escuela Theravada, en este orden: a) uno mismo, b) personas queridas y amigos, c) personas neutras, d) personas difíciles, y e) todos los seres.

Si tenemos dificultades para darnos afecto a nosotros mismos, en cada categoría o tras cada una de ellas podemos volver unos minutos a generar afecto por nosotros mismos.

• Uno mismo
El primer objeto de *mettā* es uno mismo. Una de las dificultades que encuentran muchos practicantes occidentales para darse afecto a sí mismos es el hecho de «merecérselo». Ya hemos comentado que no hay que quedarse enganchados a eso. *Mettā* es amor incondicional; y en este concepto, «merecerlo» no está incluido, ya que no existe ningún requisito necesario para el amor incondicional. Tampoco los demás tienen que merecerlo, no es necesario. *Mettā* tiene que ser absolutamente generosa y altruista, y ofrecerla solo por ser el destinatario un ser sintiente, sin condiciones.

A continuación, incluimos algunas frases que pueden ser usadas en esta sección. Hay que recordar que no son órdenes ni invocaciones, sino ofrendas de generosidad. El bloque de 3-4 frases puede incluir oraciones diferentes, o se puede repetir siempre la misma, si eso es lo que más nos moviliza. Para algunas personas, basta con repetirse una única palabra, siempre la misma. Las frases incluyen, entre paréntesis, especificaciones que pueden añadirse, o no, dependiendo de las circunstancias del momento. Hay que dejar que las frases se alojen en el corazón, evitando el pensamiento discursivo:

– ¡Que pueda sentirme seguro/feliz/bien! (en medio de todo lo que me está ocurriendo).
– ¡Que pueda sentirme a gusto/tranquilo en este cuerpo! (pese a mis circunstancias).

– ¡Que pueda descansar con paz y bondad! (en este momento).
Nos mantenemos al menos 5 minutos en esta sección.

• Personas queridas y amigos
Aquí podemos traer a nuestra mente familiares, amigos, benefactores o cualquier persona que sintamos que amamos y nos quiere. Suele empezarse con los amigos de mayor intensidad y progresar hacia otros con los que tengamos menos relación. Podemos traer a uno o varios en cada ejemplo, e incluir solo un subtipo (p.ej., familiares) o varios de ellos. Es la sección más sencilla, dentro de la parte de frases verbales. Podemos extendernos un poco más, pero no debe ser dominante si queremos realizar la práctica completa y, máxime, si lo practicamos como *jhana*. No obstante, algunas personas equiparan y reducen el *brahmavihāra* de *mettā* a solo esta sección. Es una decisión nuestra.

Las frases pueden dirigirse solo a las otras personas (p.ej., «Que seas feliz»); podemos incluirnos nosotros, generalmente al final (p.ej., «Que tú y yo seamos felices»), y también se podría, aunque es mucho menos habitual, usar dos frases independientes (p.ej., «Que tú seas feliz», «Que yo sea feliz»). Las frases más habitualmente utilizadas son las que exponemos a continuación:
– ¡Que puedas (o que tu y yo podamos) ser feliz(ces)!
– ¡Que puedas (o que tu y yo podamos) estar sano/a(s)!
– ¡Que puedas (o que tu y yo podamos) sentirnos seguro/a(s)!
– ¡Que puedas (o que tu y yo podamos) estar en paz!

• Personas neutras
Son personas con las que apenas tenemos trato, como vecinos con los que apenas nos relacionamos, compañeros de trabajo en em-

presas muy grandes, dependientes de las tiendas a las que vamos. También se puede elegir a personas de otros países o ciudades que no conocemos de nada, y las imaginamos como personas prácticamente sin características.

Esta sección se realiza exactamente igual que la de los amigos. No suele plantear ningún problema. La duración suele ser más breve que la anterior. Algunas personas practican exclusivamente estas dos secciones cuando meditan en *mettā*.

- Personas difíciles

Son aquellos con los que tienes relaciones complejas y sentimientos adversos, o que han causado daño a la sociedad, como los terroristas. Se tiende a empezar por enemigos leves, que nos causen menos malestar, y progresar hacia los que nos producen mayores sentimientos adversos. Suele resultar la sección más difícil porque, a menudo, es difícil desear bondad a los enemigos, a las personas difíciles y que nos desafían, generalmente, porque pensamos que «no se lo merecen». Por eso, con ellos se puede hacer alguna modificación, más cercana a lo que pone en los *sutras*. Lo menos difícil es desear, simplemente, que no experimenten daño:

– «¡Que puedan estar libres de los enemigos!».

– «¡Que puedan estar libres de daño!».

Desearles felicidad o bienestar suele ser más difícil. La siguiente frase consiste en desear que no tengan enfermedades, que seguramente serán la causa de su ira/enfado/mal carácter.

– «¡Que puedan estar libres de aflicciones/enfermedades físicas y mentales!».

Y la última, a lo que se refiere es a practicar el *dharma* y acciones bondadosas, ya que es la única felicidad que se puede proteger.
– «¡Que puedan ser capaces de proteger su felicidad!».

Si con las meditaciones previas hemos conseguido que la barrera de los enemigos vaya disolviéndose, usaríamos las mismas frases que con los amigos. De nuevo podrían ir solos o nombrarnos a nosotros también al final:
– ¡Que puedas (o que tu y yo podamos) ser feliz(ces)!
– ¡Que puedas (o que tu y yo podamos) estar sano/a(s)!
– ¡Que puedas (o que tu y yo podamos) sentirnos seguro/a(s)!
– ¡Que puedas (o que tu y yo podamos) estar en paz!

Intentaríamos mantenernos otros 5 minutos en esta sección.

• Todos los seres

Aquí expandiríamos el afecto a todos los seres humanos, en particular, y a todos los seres vivos, en general. Algunos textos hablan de la posibilidad de abarcar el universo inanimado, aunque, en general, se recomienda que solo se incluya a los seres sintientes. Las frases se generalizan a todos los seres:
– ¡Que todos los seres seamos felices!
– ¡Que todos los seres estemos sanos!
– ¡Que todos los seres puedan sentirse seguros!
– ¡Que todos los seres estén en paz!

De nuevo, en esta sección, permaneceríamos unos 5 minutos.

Si usamos *mettā* para alcanzar la concentración de acceso, primero debemos establecer bien la bondad amorosa sobre nosotros mismos, por lo menos durante cinco minutos; luego podemos saltar a la siguiente categoría. En cada una de ellas, podemos seleccionar a una persona como representante de la sección o podemos elegir a varias, dependiendo del tiempo que tengamos y la profundidad que queramos darle a la práctica. Tenemos que estar como mínimo 30 minutos en cualquier meditación para que tengamos posibilidades de llegar a la concentración de acceso.

3. Nivel tres: usar imágenes visuales
(5-10 minutos)

Para las personas más visuales, suele ser mejor utilizar imágenes que frases. Pero, en cualquier caso, para que la práctica se vaya convirtiendo en absorción, se haga menos esfuerzo y la meditación profundice, es necesario dar este paso. Al pasar a esta sección, mucho menos racional y más profunda, debemos conectar con la espaciosidad de la mente, con la sensación de que es ilimitada, de que se extiende por todas las direcciones sin fin. Sobre esa mente tridimensional ilimitada, realizamos la visualización.

Las imágenes más asociadas a *mettā* son la de un bebé sonriendo o la de un cachorro de animal feliz, como un perrito o un gatito. Ambas despiertan nuestros sentimientos naturales de afecto y protección. Para las personas con especiales dificultades o desconfianza hacia los seres humanos, podría usarse una planta, como, por ejemplo, una bella flor, aunque está menos recomendado. La imagen se mantiene en la mente hasta que surge la emoción de bondad amorosa, es decir, el deseo de felicidad hacia todos los seres.

La visualización, en lo posible, debe cumplir una serie de características que hemos descrito en otros manuales (García Campayo, 2022):
- Ocupar todo el espacio de la mente: llenar nuestro campo mental, no solo una parte.
- Tridimensional: no es una imagen plana, dibujada en un papel, sino que es tridimensional.
- En color y translúcida: no es en blanco y negro, sino que recoge los colores naturales del objeto visualizado. Y no se ve sólido y ocupando espacio, sino translúcido, ligero, no sólido, representando que todo posee la naturaleza de la vacuidad.
- Multisensorial: no solo es una visualización, sino que deberíamos poder sentir su olor, escuchar los sonidos que emite, sentir su tacto.

4. Nivel cuatro: irradiación sin pensamiento discursivo ni imágenes visuales

(Desde un mínimo de 10 minutos, hasta que se alcance el estado de *jhana* o hasta que deseemos terminar)

Lo más importante de esta fase es que debemos ir hacia un estado sin esfuerzo; por tanto, no debe existir una visualización voluntaria, que requiera esfuerzo mantenerla, y, mucho menos, repetición de frases o pensamientos. Como absorción, debería desaparecer el diálogo interno y quedarnos «absorbidos» por la sublime emoción de *mettā*.

Para el estado inicial de esta fase, se recomienda una visualización, pero mucho menos precisa y específica que en el período anterior, y que apenas requiera esfuerzo. Así, por ejemplo, podemos sentir que una luz del color que deseemos (rojo, amarillo, naranja, blanco, etc.) surge en nuestro corazón y se extiende sin obstrucción a los demás seres. También podemos visualizar una puesta de sol en nuestro corazón y sentir que desde allí se irradia la luz. La irradiación se hace en todas las direcciones y a todos los seres, sin distinción y con la misma intensidad. Como apoyo a la sensación de irradiación, podemos imaginar que emitimos un sonido suave, agradable, vibrante, monocorde, que lo inunda todo, junto a la luz y la emoción que generamos. Tanto la luz como el sonido se van generando progresivamente, sin esfuerzo, como si descorriésemos una cortina que tapaba la luz del sol y, de forma natural, se dispersa por todo.

¿Dónde ponemos la atención en ese momento? Básicamente la situamos en lo siguiente:

- la emoción desarrollada, en *mettā*, y el deseo de que todos los seres sean felices;
- la sensación de alegría, de bienestar, que es muy corporal y que lo inunda todo, y
- la belleza de todo el proceso.

Además, tenemos en cuenta otros aspectos, como:

- La espaciosidad de la mente: esto ocurre dentro de un espacio ilimitado, que todo lo abarca, como es la mente.
- No requiere ningún esfuerzo, no hay deseo ni persecución de objetivo.
- No existe objeto ni sujeto: somos lo que irradia y el objeto de la irradiación; no hay diferencia entre yo y los demás, en una no dualidad que lo abarca todo.

En los *brahmavihāras*, lo importante es generar la emoción. Por tanto, una vez que se ha generado, no hace falta usar las frases o las imágenes. Solo se reactivan cuando se nota que la emoción decae. Primero se intenta reconectar con la emoción usando las imágenes, que implica un estadio más profundo. Y si esto no es posible, entonces se retrocede aún más, y se usan las frases. Al repetir las frases, a menudo no necesitaremos decirlas todas enteras, sino solo las palabras clave: felicidad, salud, seguridad, paz. Cuando volvamos a sentir la emoción, dejaremos de repetir las frases o de generar las imágenes de la fase previa.

Mientras generamos la emoción de *mettā*, no debemos preocuparnos de nada más. Específicamente no debemos pensar en lo siguiente:
- Si llega a todos los seres o a quién llega: no nos importa la distancia o la intensidad de la irradiación. Damos por hecho que cada ser recibirá lo que necesite y que nuestra energía llegará a quien tenga que llegar, en un proceso no voluntario y desprendido. Es como la luz del sol o la lluvia, que cae sobre todos los seres sin distinción.
- Si la práctica tiene efecto en otras personas: basta con que la tenga en nosotros; y se notará cuando coincidamos con otras personas, sobre todo, con los que más dificultades de relación tenemos.
- Pero, en concreto, no debemos pensar en alcanzar los *jhanas*, porque el deseo aleja el objetivo de fundirnos en estos estados, que son «sin deseo». Tenemos que centrarnos exclusivamente en *mettā*.

8. Compasión (*karuṇā*)

> Así, arriba, abajo, todo alrededor,
> por todas partes, completamente,
> permanece impregnando todo el cosmos que le rodea
> con una atención plena imbuida de compasión.
>
> BUDA, *Anguttara Nikāya* 10, 208)

Concepto

En ambos idiomas, pali y sánscrito, «compasión» se dice de la misma forma, *karuṇā*. El concepto de compasión es diferente en psicología y en la tradición budista. Es el inconmensurable más estudiado por la ciencia, y también el más desarrollado por el budismo.

a) En el budismo

Una de las definiciones de compasión más frecuentemente citadas en mindfulness es la del Dalái Lama (2001): «La compasión consiste en el deseo de que todos los seres sintientes estén libres de sufrimiento». La compasión suele ser definida como el deseo de que todos los seres se vean libres del sufrimiento y, esto es muy importante, libres también de sus causas (lógicamente, sus causas dentro de la concepción del budismo). Este deseo es similar al concepto de la palabra sánscrita *bodhicitta,* que significa «mente del despertar». La *bodhicitta* se refiere a la actitud o motivación que nos lleva a emprender una práctica espiritual con el propósito primordial de beneficiar a otros seres. En el budismo, las personas que adoptan y actúan siguiendo esta actitud reciben el nombre de *bodhisattvas*, y este se considera el ideal de vida más elevado que puede tener el ser humano. Para cultivar la compasión de manera eficaz, tenemos que entender la naturaleza del sufrimiento y el hecho de que, con independencia de que sean conscientes o no de ello, todos los seres vivos están inmersos en el sufrimiento. Sin embargo, también hay que entender que, si el sufrimiento no existiese, sería imposible cultivar la compasión. Y, sin la posibilidad de cultivar la compasión, sería imposible efectuar un rápido progreso espiritual.

Cuando vemos a un animal o a una persona inmersos en una situación dolorosa o angustiosa, es posible que deseemos intensamente aliviar su sufrimiento y aportarles un poco de paz y tranquilidad. Es maravilloso que una persona o animal se conmueva y actúe para tratar de aliviar el sufrimiento de otro ser vivo. Este es un ejemplo de compasión en su nivel más crudo y elemental. Sin embargo, a medida que crecemos en consciencia y sabiduría, empezamos a percibir que, incluso si la gente no muestra ostensibles signos de angustia, también puede estar sufriendo. Por tanto, la auténtica compasión exige gran sabiduría y habilidad. Se requiere sabiduría para ir más allá de la fachada de felicidad superficial tras la que la gente a menudo trata de ocultarse. Y asimismo se requiere habilidad para saber cómo ayudar del mejor modo a las personas que puedan ser reacias a cambiar sus hábitos.

Cuando albergamos una profunda compasión, tanto por nuestro propio sufrimiento como por el de los demás, empezamos a ver el mundo y a las personas que nos rodean de manera muy distinta. Al incorporar las necesidades y el sufrimiento de los demás a nuestro campo de consciencia, somos capaces de añadir perspectiva a nuestros propios problemas y sufrimientos. Nos obsesionamos menos con nosotros mismos y nos volvemos más alocéntricos, o «centrados en el otro», y generamos patrones de pensamiento positivo que subyacen a esta nueva perspectiva. La compasión nos impide experimentar la vida como una lucha constante, y también caer en lo que consideramos nuestros problemas exclusivos. De hecho, cuando practicamos la compasión, no solo percibimos el mundo de manera diferente, sino que el mundo también empieza a vernos a nosotros de modo distinto. Cuando la compasión incondicional florece en la mente, la Tierra se relaja y exhala un enorme suspiro de alivio. En medio del caos, la ignorancia y la explotación de los recursos naturales, la Tierra tiene un nuevo amigo y un guardián (Shonin y cols., 2019).

b) En psicología
(García Campayo y cols., 2016; García Campayo, 2022)

En el ámbito de la psicología, una de las definiciones más usadas es la de Goetz y cols. (2010), quienes la definen como «el sentimiento que surge al presenciar el sufrimiento de otro y que conlleva un deseo de ayudar». Otra definición muy similar para describir qué es la compasión es la de Paul Gilbert (2015): «La profunda conciencia del sufrimiento de uno mismo y de otros seres, junto con el deseo de ayudar a evitarlo». Por eso, la compasión no es solo una emoción, sino que, como dice Paul Gilbert (2015), es una MOTIVACIÓN que orienta la conducta humana. Esta definición es muy similar al concepto budista de *bodhicitta*.

Uno de los modelos más utilizados en compasión es el de Kristin Neff (2003*a*, 2003*b*). Ellos han estructurado su definición de compasión basándose en tres pilares, que resumimos en la tabla 1.

Tabla 1.
Dimensiones de la compasión
según Kristin Neff

1. Mindfulness o atención plena: consiste en hacerse consciente del sufrimiento propio y de los otros, sin juicios ni críticas. No negamos el sufrimiento o huimos de él, ni nos quedamos atrapados por él –lo que Neff denomina «sobreidentificación»–, como hacen la mayoría de las personas. Esta fase es clave, porque no podemos sentir compasión si no hay alguien que sufre; pero también porque, si nos sobreidentificamos con el sufrimiento, solo generamos empatía, no compasión, y desembocaremos en el quemado profesional o *burnout*.

2. Humanidad compartida: es tomar conciencia de que el sufrimiento que experimentamos nosotros lo están experimentando millones de personas en este momento, y lo han experimentado en el pasado y lo experimentarán en el futuro otras muchas personas, porque cualquier tipo de sufrimiento que estemos experimentando es consustancial a la naturaleza humana, como afirman todas las religiones, lo que nos permite desarrollar un sentimiento de ecuanimidad frente al sufrimiento. Lo contrario de la humanidad compartida es el aislamiento, ensimismarse en lo que nos ocurre, creyendo, erróneamente, que nuestra situación es única. Y esto nos lleva, siempre, a la culpa o la vergüenza, sentimientos del todo destructivos e inútiles que cronifican la depresión.

> **3. Autocompasión:** implica afecto, amabilidad y comprensión hacia uno mismo cuando se experimenta sufrimiento, en lugar de autocriticarse, culparse o negar el propio dolor. Consiste en tratarnos a nosotros mismos tal y como trataríamos a un niño indefenso o a un amigo muy querido. Lo contrario sería la autocrítica destructiva y culpabilizante.

Diferencia entre compasión y otros conceptos
(García Campayo, 2022)

a) Bondad amorosa o *mettā*

La principal diferencia entre la bondad amorosa y la compasión radica en la ausencia o presencia de sufrimiento. Si no existe sufrimiento, el deseo de que los demás sean felices es bondad amorosa. Si hay sufrimiento, el deseo de que los demás se encuentren libres de él es compasión. Citando a Germer (2009), la compasión constituiría un aspecto de la bondad amorosa. En última instancia, todo es compasión ya que, por definición, todos los seres humanos van a experimentar dolor primario (envejecimiento, enfermedad y muerte, que nos afectará tanto a nosotros como a nuestros seres queridos), aunque en un momento dado el sufrimiento pueda no ser evidente.

b) Empatía

Empatía y compasión no son sinónimos. Esta diferencia queda palpable desde la neuroimagen, porque las áreas cerebrales involucradas en ambos procesos son diferentes. Así, la empatía se relaciona con las áreas cerebrales que modulan los aspectos afectivos del dolor, como son el córtex cingulado rostral y la ínsula (Lamm y cols., 2011). Esto tendría sentido porque, en la empatía, sentimos el dolor de los otros. Por el contrario, las áreas que se activan con la compasión son la corteza orbitofrontal medial, el área tegmental ventral, el putamen, el pálido y la sustancia negra (Klimecki y cols., 2013, 2014). Estas áreas están más relacionadas con el amor y con el deseo de ayudar a otros, aliviándoles el sufrimiento. Sentir intensa empatía por el individuo que sufre puede hacernos sentir abrumados por el sufrimiento del otro. La consecuencia es que la empatía puede producir una experiencia aversiva, facilitando el *burnout*, mientras que la compasión produce emociones positivas y sentimientos de afiliación y amor, que favorecen la resiliencia (Singer y Klimecki, 2014).

Se ha dicho que lo que subyace en la base del síndrome de *burnout* o síndrome de quemado profesional es la «fatiga de la compasión», y esto es lo que acaba produciendo indiferencia emocional hacia la persona que sufre, además de cinismo y maltrato. Pero es un error conceptual, ya que lo que existe es una «fatiga de la empatía», de ponerse en el lugar del otro y conectar con su sufrimiento, sin mindfulness y sintiendo que no se puede hacer nada. La compasión no produce quemado profesional y, de hecho, se considera una intervención eficaz como tratamiento de este problema.

¿Qué no es compasión?

(García Campayo, 2022)

La compasión se confunde con los siguientes conceptos:

1) *No es lástima o pena*. Estas son emociones negativas que hacen que el individuo tienda a ensimismarse con sus propios problemas y olvidar que los otros tienen dificultades similares. Suele producir rechazo en el entorno. La autocompasión considera que todos sufrimos por igual –humanidad compartida– y, por tanto, no se busca un trato especial por parte de los otros.
2) *No es indulgencia o buscar excusas*. No se trata de dejarlo todo y volverse pasivo. Es un deseo genuino de salud y bienestar hacia uno mismo y hacia los demás. No busca la indulgencia a corto plazo, como la madre que da una chocolatina a un niño para que no llore, sino bienestar a largo plazo. De hecho, las personas autocompasivas son más capaces de mantenerse en hábitos saludables, como dieta sana, ejercicio o no consumo de tóxicos.
3) *No es debilidad*. Muchas personas creen que, en un mundo tan competitivo como en el que vivimos, la práctica de la compasión las convertirá en víctimas de los depredadores. La compasión no está reñida con la asertividad o con defender nuestros derechos. Es una forma de trabajar con nuestra mente para evitar emociones negativas, como la culpa, la hostilidad o la envidia, por lo que aumenta la resiliencia. Los estudios confirman que las personas autocompasivas afrontan mejor las dificultades de la vida.
4) *No es egoísmo o pecado*. La reacción natural cuando uno está herido o dañado es cuidarse y recuperarse; es lo que haría cualquier animal, porque facilita la supervivencia. Quererse uno mismo en situación de daño no es egoísmo ni, menos aún, peca-

do. La autocompasión siempre va asociada a la compasión, que constituye una de las conductas más prosociales. De hecho, las personas autocompasivas muestran más cuidado y empatía, por eso es clave en las profesiones de ayuda.

5) *No disminuye la motivación para el cambio.* Esta es la principal razón por la que el discurso autocrítico, generalmente introducido por nuestros padres, se establece en nosotros. Nuestros progenitores pensaban que ser autoexigente y autocrítico era la única forma de tener éxito en la vida. Tenemos muy internalizado en nuestra cultura occidental que, si queremos cambiar –ser y actuar de diferente forma a la que lo hacemos habitualmente–, tenemos que ser muy críticos con nosotros mismos, de manera que esto nos sirva de estímulo, de motivación. Esa conducta errónea la usamos también con nuestros hijos. El cambio en el individuo depende de que se tengan claros los beneficios de la nueva conducta y los costes de no cambiar, elementos básicos en la entrevista motivacional. Esta es la estrategia que se sigue en las terapias motivacionales. El cambio siempre es más fácil cuando uno está psicológicamente bien que cuando se está dañado y recuperándose de una experiencia negativa.

6) *No merecerse ser querido.* Desde la perspectiva de la psicoterapia, uno de los mayores obstáculos es el pensamiento de que uno no se merece ser querido, el miedo a parecer patético si se muestra compasivo, o el miedo a experimentar daño si se practica compasión. En algunos casos, estas situaciones pueden requerir otras terapias añadidas.

El miedo a la compasión

El concepto de compasión no es muy popular en Occidente, por diferentes razones. Una de ellas es porque se entiende como asimétrica, de forma que quien da compasión parecería tener una cierta superioridad moral sobre el que la recibe. Ya hemos explicado que la compasión, tanto en mindfulness como en la tradición budista, ocurre entre iguales. Otra idea negativa que se tiene en Occidente es que compasión equivale a debilidad. También hemos comentado que ser compasivo es independiente de ser asertivo o defender nuestros derechos. Las otras críticas que se hacen a la compasión –es egoísta/pecado, es lástima/pena o es indulgencia/buscar excusas– también contribuyen a esta visión negativa en Occidente.

Pero es importante conocer qué personas, a nivel individual, sienten más miedo o rechazo a la compasión, porque con ellos habrá que utilizar estrategias añadidas o explicar más a fondo en qué consiste. Según los estudios de Gilbert y cols. (2011), los individuos muy autocríticos y autopunitivos sienten especial miedo a la compasión. También lo experimentan las personas que tienen alta alexitimia o incapacidad para expresar emociones, lo que se relaciona con enfermedades psicosomáticas como la hipocondriasis o la somatización en general (Gilbert y cols., 2012). De hecho, este autor ha desarrollado tres escalas de miedo: 1) a la autocompasión, 2) a dar compasión a otros, y 3) a recibir compasión de otras personas.

Los enemigos de la compasión

a) El enemigo lejano: la crueldad

El «enemigo lejano» de la compasión es la crueldad. Podemos ser crueles con nuestros pensamientos tanto como con nuestras palabras y acciones. Los actos de crueldad hacen sufrir a otras personas, pero también hacen sufrir al perpetrador. Independientemente de que creamos o no en la «ley del karma», el que ejerce la crueldad suele padecer culpa y odio hacia sí mismo, y es probable que acabe sufriendo las consecuencias del odio que ha provocado en otros. Como dice el refrán castellano: «Quien a hierro mata a hierro muere». Ser cruel no tiene por qué implicar necesariamente hacer algo, porque abstenerse de hacer algo también puede constituir un acto de crueldad. Por ejemplo, las personas que tienen la oportunidad de seguir un camino de enseñanzas espirituales auténticas, pero deciden permanecer inmersas en su propia fantasía autoconstruida, probablemente están siendo crueles consigo mismas y con los demás.

b) El enemigo cercano: la lástima y el sufrimiento por contagio

En el caso de la compasión, en el budismo se dice que la lástima o la pena es «el enemigo cercano» de la compasión, porque es fácil de confundir. A diferencia de lo que ocurre en la compasión, en la pena puede no haber empatía ni conexión con el que sufre y, además, suele existir cierta sensación de superioridad sobre la persona hacia quien se siente lástima.

Por ejemplo, si pasamos en la calle junto a una persona sin hogar, podemos experimentar un sentimiento de empatía; podemos incluso sentirnos inspirados a darle algo de dinero o hacer una donación a una organización benéfica. Sin embargo, ¿hasta qué punto esas acciones tienen que ver con ayudar realmente a esa persona y en qué medida están relacionadas con nuestro propio sentimiento de culpa? La lástima es una forma distorsionada de compasión que se centra en nuestro propio yo. Si la base de esa acción fuese la compasión, efectuaríamos la donación con confianza y amabilidad y sin sentimiento alguno de culpa. Tendríamos una buena comprensión de cómo es probable que se invierta el dinero y de si el individuo lo utilizará adecuadamente. También sopesaríamos la opción de proporcionar a la persona los recursos que necesita para mejorar de manera más duradera su situación.

La diferencia entre lástima (muy frecuente en Occidente) y compasión como la entiende la psicología (más típica de tradiciones orientales como la budista) permitiría entender las diferencias transculturales que observamos entre ambas culturas. En Oriente, la compasión es fuente de alegría y fortaleza, mientras que, en Occidente, filósofos como Spinoza o Nietzsche la consideran muy negativa. En latín, el origen etimológico de compasión es «com-passio», es decir, «sufrir con». En nuestra cultura, si nosotros sufrimos, se espera que nuestros seres queridos, como nuestra pareja, familia y amigos, sufran también con nosotros por empatía. Si no lo hacen, sentimos que son egoístas o que no nos quieren. En el budismo, el deseo de que los otros se encuentren libres del sufrimiento tiene que ir necesariamente ligado a la alegría. A los occidentales no nos parece fácil porque lo que causa la compasión de forma natural conduce a la tristeza. Por eso hay que monitorizar nuestra respuesta. Compasión, según el budismo, no significa identificarse con el sufrimiento del otro hasta llegar a sufrir con él. Si se genera sentimientos de tristeza, la compasión no es adecuada por los siguientes motivos:

1) No se es suficientemente ecuánime, hay demasiada involucración emocional como para poder ayudar al otro. Por ejemplo, un cirujano no puede operar a su padre, un psicólogo no puede tratar a su hermano.

2) Genera un tono emocional triste que no lleva a la acción, sino a la inacción o a la huida. El sufrimiento continuado generará sentimientos de agotamiento emocional por la sobreexposición al sufrimiento de los demás. Es lo contrario del tono emocional satisfactorio, como el que produce la compasión desde la perspectiva budista, que facilita la acción compasiva. Uno siente que está haciendo las cosas bien y ayudando al mundo.

3) La sobreidentificación aumenta el sufrimiento en el mundo, lo que no beneficia a nadie, perjudicando a las personas que nos rodean (familiares, amigos). Nuestro compromiso es con el sufrimiento global del mundo, por lo que no deberíamos aumentarlo generándonos nosotros más sufrimiento.

Aunque esta idea nos puede resultar extraña, los estudios científicos demuestran que la práctica de mindfulness ayuda a desarrollar esta compasión auténtica que no padece por el sufrimiento del amigo. En un estudio de Farb y cols. (2010), se mostraron imágenes con contenido emocional a sujetos sin experiencia de meditación y a sujetos después del curso de mindfulness MBSR (Reducción del estrés basado en la conciencia plena). Los que habían completado el curso de mindfulness mostraron una menor activación de las imágenes con contenido emocional triste y, a su vez, menores tasas de depresión, en comparación con los sujetos que no habían tomado el curso. Esta es la auténtica compasión, y no la lástima con la que la confundimos.

Cultivar la bondad amorosa mediante la práctica formal

Hay muchas maneras de cultivar y practicar la compasión. Sin embargo, si queremos que cale profundamente en nuestro ser, la meditación es el método más eficaz y directo para conseguirlo. La claridad y la calma que cultivamos durante la meditación nos permiten desarrollar y asimilar con rapidez cualidades psicológicas y espirituales positivas. Durante la meditación, sembramos semillas de compasión en lo profundo de nuestro ser y regamos dichas semillas al interactuar con los seres vivos y los fenómenos que nos rodean.

1. Compasión con la ayuda de la respiración

Es una práctica muy sencilla que podemos usar de modo formal o informal. La primera parte de la meditación se refiere al desarrollo del enfoque meditativo y la tranquilidad, mientras que la segunda se centra en el cultivo de la compasión hacia nuestro propio sufrimiento. Si bien depende de cada cual el tiempo que invierta en practicar esta meditación, nuestra sugerencia es que se dediquen al menos 15 minutos.

Al inspirar, observo la inspiración.
Al espirar, observo la espiración.
Al inspirar, sé si mi respiración es profunda o superficial, corta o larga.
Al espirar, permito que mi respiración siga su curso natural.
Al inspirar, observo el espacio y el tiempo que hay entre inspiración y espiración.
Al espirar, me relajo en este espacio y este tiempo.

Al inspirar, comprendo que no hay otro lugar donde necesite estar.
Al espirar, comprendo que ya estoy en casa.
Al inspirar, soy consciente del sufrimiento que hay en mi interior.
Al espirar, sostengo mi sufrimiento en la consciencia meditativa.
Al inspirar, observo los sentimientos y pensamientos problemáticos
    que hay en mi mente.
Al espirar, permito que esos sentimientos y pensamientos se calmen
    y relajen.
Al inspirar, entiendo que el sufrimiento nace de causas y condiciones.
Al espirar, entiendo que el sufrimiento no existe como
    una entidad autónoma.
Al inspirar, recojo mi sufrimiento en una esfera de energía localizada
    en mi corazón.
Al espirar, permito que mi sufrimiento se disuelva en el mundo
    que me rodea.
Al inspirar, permito que la alegría y la felicidad se congreguen en una esfera
    de energía localizada en mi corazón.
Al espirar, me baño en esos sentimientos de alegría y felicidad.
Al inspirar, entiendo que otras personas también sufren.
Al espirar, irradio a los demás sentimientos de alegría y felicidad.
Al inspirar, vuelvo a seguir mi respiración.
Al espirar, disfruto de la experiencia de simplemente ser.

Esta meditación se centra, principalmente, en cobrar consciencia del sufrimiento presente en nuestro interior y en transformar ese sufrimiento en felicidad y energía gozosa. Sin embargo, tras practicar repetidamente, tal vez lleguemos a un punto en que nos sintamos preparados y capaces de considerar prioritario el sufrimiento de los demás. Cuando eso suceda, podemos cambiar las palabras de la meditación para reflejar nuestro creciente deseo de llegar a otras personas. Por ejemplo, podemos intercambiar las palabras «*Al inspirar, recojo mi sufrimiento en una esfera de energía localizada en mi corazón…*» por «*Al inspirar, recojo el sufrimiento de los demás en una esfera de energía localizada en mi corazón. Al espirar, permito que este sufrimiento sea transportado por mi espiración y se disuelva en el aire y en el mundo que me rodea*».

De la misma manera que lo hemos descrito cuando hablábamos del cultivo de la bondad amorosa, podemos tomar el sufrimiento de la «gente en general» como objeto de nuestra meditación, así como elegir a un individuo o una situación particular.

Una consideración importante concerniente a la práctica de la meditación de la compasión es no llegar a sentirnos abrumados por nuestro propio sufrimiento o por el de otras personas. De hecho, la razón por la que recomendamos procesar y recoger el sufrimiento en una esfera de energía en el centro de nuestro corazón es para ayudarnos a despersonalizar y distanciarnos del sufrimiento. Si nos implicamos demasiado con nuestro sufrimiento y con el de los demás, y si no sabemos cómo relacionarnos con él correctamente, corremos el riesgo de desarrollar *burnout*. Por tanto, desde cierto punto de vista, cabe afirmar que el exceso de compasión puede ser perjudicial para nuestra propia salud. Por esta razón, para evitar el riesgo de convertirnos en víctimas de nuestra propia compasión, resulta imperativo desarrollar sabiduría discriminativa y ecuanimidad.

2. *Tonglen*

Se traduce como «dar y recibir» y también se conoce como «intercambiarse por otros». Es una práctica tibetana de compasión que se considera la más profunda, pero también la más difícil. Fue descrita, inicialmente, por Atisha Dipankara (982-1054) y se resume en siete puntos. La popularizó el Geshe Chekawa (1101-1175) en su libro *Siete puntos del entrenamiento mental*. Es una práctica clásica para quien quiere desarrollar el espíritu de la *bodhicitta*.

La descripción de la práctica es como sigue: Patrul Rimpoche (1808-1887) la resumía diciendo que, en la inspiración, nos imaginábamos tomando el sufrimiento de otras personas, mientras en la espiración les enviábamos toda nuestra felicidad. Este modelo estaría al alcance solo de personas con intensa práctica meditativa, ya que asusta a los principiantes, porque temen contagiarse del sufrimiento que toman de los otros y porque consideran que aliviar el sufrimiento del mundo es una tarea inabordable.

Un modelo más sencillo y accesible para occidentales es el que nos ofrece la maestra norteamericana Pema Chödron. Recomienda seleccionar a una persona, un grupo de individuos, una región o país, o una situación global (p.ej., el hambre en África, las personas que están en situación terminal, padres que han perdido a un hijo, animales maltratados). En la inspiración tomamos consciencia de su sufrimiento (pero el sufrimiento no lo tomamos para nosotros) y deseamos que estén libres de ese sufrimiento. En la espiración, deseamos que puedan encontrar recursos (mediante la meditación o de alguna otra forma) para poder sobrellevar mejor su sufrimiento. También podemos sentir que les llega lo que necesitan, ya sea comida, salud, techo, libertad, paz, o lo que sea. Si notamos que la práctica nos produce malestar por contagio emocional, debemos parar y utilizar varias alternativas: a) darnos compasión a nosotros mismos; b) volvernos hacia nosotros y tomar nuestro sufrimiento del futuro, algo que, inevitablemente, va a llegar; c) usar las prácticas del lugar seguro o el mentor, y d) abordar temas de calado más accesible, como intentar mejorar el ambiente en mi familia o en mi trabajo, comunicarme mejor con la gente difícil, o intentar tener un carácter más amable de forma habitual. Lo importante es trabajar con nuestro sufrimiento o el de los otros. En todos los casos siento, durante la inspiración, el sufrimiento que produce la disarmonía entre los seres e intento insuflar en el mundo el inconmensurable que se requiera en esa situación, ya sea bondad amorosa, compasión o algún otro.

Esta práctica no pretende, por supuesto, que carguemos con el sufrimiento del mundo, sino que comprendamos profundamente su existencia y sus causas, y que podamos manejarnos con él para ser más eficaces ayudando a otras personas de la forma que lo necesiten. Los beneficios de la práctica son que reduce el apego egocéntrico, incrementa el sentido de renuncia, desarrolla la bondad amorosa y la compasión y purifica el karma por el deseo de ayudar a otros. Se pretende modificar nuestros patrones mentales habituales y desarrollar una visión del mundo que nos permita intercambiarnos con los demás y entender su sufrimiento.

El cultivo informal de la compasión

Las prácticas informales de la compasión son una forma de extrapolar a la vida diaria esta práctica. Al igual que ocurre en mindfulness, las prácticas informales producen mayor cambio en el individuo que las formales, pero es muy difícil realizarlas si no se tiene una buena base de práctica formal. La recomendación es intercalar estas prácticas, de forma progresiva, en la rutina diaria. Estas son algunas prácticas de la vida diaria para reforzar la compasión:

1. *No te critiques, ve lo bueno que hay en ti.* Cuando identifiques un pensamiento, emoción o conducta que no te guste, no te critiques de forma global («Soy un miserable, ¿cómo puedo pensar esto?»). Identifica el fenómeno mental con objetividad y mándate compasión a ti mismo. Tú eres esa emoción o pensamiento, pero no solo eso, también eres otras emociones y pensamientos positivos. Si lo prefieres, puedes hacer el razonamiento de forma alternativa: tú no eres esa emoción o pensamiento que ha aparecido en tu mente, ya que esos fenómenos mentales son siempre cambiantes, pero tu naturaleza fundamental transciende aquellos aspectos negativos que puedan aparecer en ti. Por eso, en ese momento, busca lo bueno que hay en ti.

2. *No critiques a otras personas, ve lo bueno que hay en ellas.* Lo mismo que haces contigo hazlo con los demás. No podrás ser compasivo contigo si no lo eres con los demás, y viceversa. Si tienes algo que decirle a esa persona, díselo, pero no la critiques delante de otros. Crear división en el mundo no sirve a nadie. Puedes pensar en los aspectos positivos de esa persona. También puedes desarrollar la empatía pensando lo siguiente: «Si tuviese las mismas circunstancias que esa persona, seguramente estaría haciendo lo mismo».

3. *Practicar la compasión andando.* A lo largo del día, podemos transmitir la compasión a las personas que vemos a nuestro alrededor. Podemos enviarles compasión, y veremos cómo su actitud se modifica con el tiempo. Cada día podemos seleccionar una o dos personas con las que coincidamos en la calle o en el trabajo. Nos visualizamos de forma sencilla enviándoles afecto y repi-

tiendo frases compasivas hacia ellos. Esta práctica informal de 1-2 minutos de duración puede realizarse en cualquier momento del día: en la calle, en pausas en el trabajo...

4. *Ser consciente de la compasión en personas de nuestro entorno.* A diario, algunas personas son compasivas con nosotros: nos dejan paso para salir por la puerta, preguntan por nosotros o nuestras familias, nos ofrecen una sonrisa. Seamos conscientes de la bondad que muestran otras personas, alegrémonos por ello y agradezcámoslo.

5. *Hacer algún acto de generosidad todos los días.* Podemos mostrar afecto compasivo a las personas que se encuentran en nuestro entorno: una sonrisa, un detalle, una palabra de agradecimiento. Intentemos aumentar la felicidad que hay en el mundo empezando por nuestro entorno. La pregunta es, si nosotros que estamos bien y practicamos mindfulness no ayudamos a que este mundo vaya un poco mejor, ¿quién lo hará?

6. *La práctica nuclear.* En mi opinión, la práctica nuclear es la recibida de la Lama Tashi Lamo. Cuando estés sufriendo piensa lo siguiente: «Ojalá otros seres no tuviesen que experimentar este sufrimiento». Y cuando estés bien, feliz, piensa lo siguiente: «Ojalá otros seres pudiesen disfrutar de esta felicidad».

La práctica del *brahmavihāra* de la compasión

(Buddhagosha, 2016; Thera, 1958; Feldman, 2017; Wallace, 2018; Ayya Khema, 2022)

Grabada en audio

1. Nivel uno: meditación discursiva sobre la compasión y sus enemigos
(10-15 minutos)

a) Reflexión sobre la compasión
La compasión es el deseo de que todos los seres sintientes se vean libres del sufrimiento y de sus causas. Y lo deseamos a todos los seres, de forma imparcial, no solo a nuestros amigos, sino a indiferentes y, aún más difícil, a enemigos. Compasión para todos porque todos los seres son como nosotros: buscan la felicidad y quieren evitar el sufrimiento. Y sentimos que todos los seres vivos se merecen no tener sufrimiento. Comprendemos que las acciones negativas que puedan cometer son producto de su ignorancia.

b) Reflexión sobre el enemigo lejano: la crueldad
Reflexionamos sobre la crueldad que hemos ejecutado sobre otros a lo largo de nuestra vida por acción u omisión, mediante la palabra, la

emoción o el pensamiento. La mayoría serán situaciones leves, menores, poco evidentes. Revisamos situaciones de crueldad, sobre todo con gente con la que nos sentimos superiores, que no nos caen bien o que son o han sido nuestros enemigos. Pero también es probable que hayamos ejercido una crueldad intensa con nuestros amigos cuando las tornas han cambiado y se convirtieron en enemigos, como exparejas y amigos o familiares con los que hayamos discutido. Pensamos en el daño que les hemos producido y en lo bueno que sería que la crueldad desapareciese de nosotros mediante la compasión. Pensemos en la crueldad «justificada»: no existe ninguna justificación para ella.

Pensamos también en cómo nos hace sentir la crueldad. Muchos sentimientos de culpa, vergüenza, inadecuación que surgen en nosotros desaparecerían si cultivamos la compasión.

c) El enemigo cercano: la lástima
y el sufrimiento por contagio

Pensemos en cada vez que ayudamos a alguien: ¿realmente pensamos en su beneficio o queremos tapar nuestra culpa y otros sentimientos negativos? A menudo, queremos estar lejos de ese sufrimiento, y por eso a veces decimos frases del tipo: «No pasa nada, todo irá bien», aunque sabemos que no es cierto. Es lo que se llama «ansiedad horrorizada» ante el sufrimiento inevitable de otros. Debemos intentar ayudar en lo que podamos y, si no podemos, generar hacia esas personas el deseo de que estén libres del sufrimiento y de sus causas. En relación con nuestros seres queridos, debemos observar si, al acompañarlos en su sufrimiento, nos contagiamos de él. Ya hemos visto en el capítulo 5 algunas meditaciones que pueden ser útiles en este sentido.

2. Nivel dos: meditación mediante el uso de palabras
(20-30 minutos)

a) Usar el nombre de compasión
Podríamos repetirnos a nosotros mismos la palabra *compasión* o su traducción en nuestro idioma materno y repetirlo periódicamente. No como un mantra, sino, de vez en cuando, para conectar con la emoción. En esta sección, junto al nombre podemos pensar en las cualidades de la emoción: el deseo de que todos los seres estén libres de sufrimiento y de sus causas. Esta parte de la práctica podría durar unos 5 minutos.

b) Usar las frases de compasión
En la segunda parte de este nivel, usaremos frases que resuman la cualidad de la compasión y las repetiremos varias veces. Es una práctica relativamente intelectual, por lo que las personas más emocionales tendrán alguna dificultad. Las frases deben ser cortas y sencillas para no intelectualizar y dar pie al diálogo interno. Y las repeticiones deben ser de tres o máximo cuatro frases. La estructura progresiva ya la hemos descrito en el anterior inconmensurable: a) uno mismo, b) personas queridas y amigos, c) personas neutras, d) personas difíciles, y e) todos los seres.
Si tenemos dificultades para darnos afecto a nosotros mismos, en cada categoría o tras cada una de ellas podemos volver unos minutos a generar afecto por nosotros mismos.

• Uno mismo
El primer objeto de compasión es uno mismo. Una de las dificultades de los practicantes occidentales, como ya hemos comentado,

es el hecho de «merecérselo». No nos quedamos enganchados a eso, ya que la compasión es incondicional y no hace falta merecerlo. Tampoco los demás tienen que merecerlo, no es necesario. La compasión es absolutamente generosa y altruista, y la ofrecemos a todo el mundo sin condiciones.

Incluimos algunas frases que pueden ser usadas en esta sección. No son órdenes ni invocaciones, sino ofrendas de compasión. El bloque de 3-4 frases puede incluir oraciones diferentes, o se puede repetir siempre la misma si eso es lo que más nos moviliza. Para algunas personas basta con repetirse una única palabra, siempre la misma. Hay que dejar que las frases se alojen en el corazón, evitando el pensamiento discursivo:

- ¡Que pueda estar libre del sufrimiento y de sus causas!
- ¡Que pueda sentirme feliz, seguro, en paz!
- ¡Que me encuentre libre de enfermedades, preocupaciones y miedos!

Nos mantenemos 5 minutos en esta sección.

• Personas queridas y amigos

Aquí podemos traer ante nuestra mente a familiares, amigos, benefactores, o a cualquier persona que sintamos que amamos y nos quiere. Suele empezarse con los amigos de mayor intensidad y progresar hacia otros con los que tengamos menos relación. Podemos traer uno o varios en cada caso, e incluir solo un subtipo (p.ej., familiares) o varios de ellos.

Las frases pueden dirigirse solo a las otras personas (p.ej., «Que seas feliz»), podemos incluirnos nosotros, generalmente al final (p.ej., «Que tú y yo seamos felices»), y también se podría, aunque es mucho menos habitual, usar dos frases independientes (p.ej., «Que tú seas feliz», «Que yo sea feliz»). Las frases más habitualmente utilizadas son las que exponemos a continuación:

- ¡Que todos los seres (o mis amigos) estén libres del sufrimiento y de sus causas!
- ¡Que todos los seres (o mis amigos) se sientan felices, seguros, en paz!
- ¡Que todos los seres (o mis amigos) se encuentren libres de enfermedades, preocupaciones y miedos!

• Personas neutras

Son personas con las que apenas tenemos trato, como vecinos con los que apenas nos relacionamos, compañeros de trabajo en empresas muy grandes, dependientes de las tiendas a las que vamos. También se puede elegir a personas de otros países o ciudades que no conocemos de nada y las imaginamos como personas prácticamente sin características. Esta sección se practica exactamente igual que la de los amigos. La duración suele ser más breve que la anterior.

• Personas difíciles

Son aquellas con las que tenemos relaciones complejas y sentimientos adversos, o que han causado daño a la sociedad, como los terroristas. Se tiende a empezar por los enemigos leves, los que nos causen menos malestar, y progresar hacia los que nos producen mayores sentimientos adversos. Suele resultar la sección más complicada porque, a menudo, es difícil desear bondad a los enemigos, a las personas que nos desafían. En principio, las frases

serían las mismas que en la sección de los amigos. Sería la medida de nuestro progreso y de que hemos conseguido que la barrera de los enemigos vaya disolviéndose, pero solo debemos hacerlo si lo sentimos genuinamente:
- ¡Que mis enemigos estén libres del sufrimiento y de sus causas!
- ¡Que mis enemigos se sientan felices, seguros, en paz!
- ¡Que mis enemigos se encuentren libres de enfermedades, preocupaciones y miedos!

Podrían ir ellos solos o nombrarnos a nosotros también al final:
- ¡Que mis enemigos y yo mismo estemos libres del sufrimiento y de sus causas!
- ¡Que mis enemigos y yo mismo nos sintamos felices, seguros, en paz!
- ¡Que mis enemigos y yo mismo nos encontremos libres de enfermedades, preocupaciones y miedos!

Pero si resulta difícil, se puede hacer alguna modificación:

1) Deseando que practiquen la meditación o las tradiciones espirituales:
- ¡Que mis enemigos puedan algún día practicar la meditación/ el *dharma*!

(Esto es muy generoso, porque queremos que estén libres de las causas del sufrimiento).

2) Deseando que yo pueda algún día querer que estén libres del sufrimiento, como si fuese una aspiración:

– ¡Que algún día pueda desear que mis enemigos estén libres del sufrimiento!

Intentaríamos mantenernos otros 5 minutos en esta sección.

• Todos los seres
Aquí expandiríamos el afecto a todos los seres humanos, en particular, y a todos los seres vivos, en general. Las frases serían las mismas que con los amigos, pero ahora incorporando a todos los seres que podamos. De nuevo, en esta sección, permaneceríamos unos 5 minutos.

3. Nivel 3: usar imágenes visuales
(5-10 minutos)

Para las personas más visuales, suele ser mejor utilizar imágenes que frases. En cualquier caso, para que se vaya convirtiendo en absorción, se haga menos esfuerzo y la meditación profundice, es necesario dar este paso. Al pasar a esta sección, mucho menos racional y más profunda, debemos conectar con la espaciosidad de la mente, con la sensación de que es ilimitada, de que se extiende por todas las direcciones sin fin. Sobre esa mente tridimensional e ilimitada, realizamos la visualización.

Las imágenes más asociadas a la compasión son las de un bebé llorando asustado, al que protegemos, o la de un cachorro de animal asustado, como un perrito o un gatito, al que cuidamos; ambas despiertan nuestros sentimientos naturales de compasión. La imagen se mantiene en la mente hasta que surge la emoción de compasión, es decir, el deseo de que todos los seres estén libres de sufrimiento. Ya hemos descrito en el primer inconmensurable las características que debía tener la visualización: 1) ocupar todo el espacio de la mente; 2) tridimensional; 3) en color y translúcido, y 4) multisensorial.

4. Nivel cuatro: irradiación sin pensamiento discursivo ni imágenes visuales
(Desde un mínimo de 10 minutos, hasta que se alcance el estado de *jhana*)

Lo más importante de esta fase es que debemos ir hacia un estado sin esfuerzo; por tanto, no debe existir una visualización voluntaria, que requiera esfuerzo mantenerla, ni mucho menos repetición de frases o pensamientos. Como absorción, debería desaparecer el diálogo interno y deberíamos quedarnos «absorbidos» por la sublime emoción de la compasión.

Para el estado inicial de esta fase, se recomienda una visualización, pero mucho menos precisa y específica que en el período anterior, y que apenas requiera esfuerzo. Así, por ejemplo, podemos sentir que una luz del color que deseemos (rojo, amarillo, naranja, blanco, etc.) surge de nuestro corazón y se extiende sin obstrucción a los demás seres. También podemos visualizar una puesta de sol en nuestro corazón y sentir que, desde allí, se irradia la luz. La irradiación se extiende en todas las direcciones y a todos los seres sin distinción y con la misma intensidad. Como apoyo a la sensación de irradiación, podemos imaginar que emitimos un sonido suave, agradable, vibrante, monocorde, que lo inunda todo, junto a la luz y la emoción que generamos. Tanto la luz como el sonido se van generando progresivamente, sin esfuerzo, como si descorriésemos una cortina que tapaba la luz del sol y, de forma natural, se dispersa por todo.

La atención la situamos en lo siguiente:
- La emoción de compasión y en el deseo de que todos los seres estén libres de sufrimiento y de sus causas.
- La sensación de alegría, de bienestar, que es muy corporal y que lo inunda todo.
- La belleza de todo el proceso.

Además, tenemos en cuenta otros aspectos, como:
- La espaciosidad de la mente: esto ocurre dentro de un espacio ilimitado que todo lo abarca, como es la mente.
- No requiere ningún esfuerzo, no hay deseo ni persecución de objetivos.
- No existe objeto ni sujeto: somos lo que irradia y el objeto de la irradiación, no hay diferencia entre yo y los demás, en una no dualidad que lo abarca todo.

En los *brahmavihāras*, lo importante es generar la emoción. Por tanto, una vez que se ha generado, no hace falta usar las frases o las imágenes. Solo se reactivan cuando se nota que la emoción decae. Primero se intenta reconectar con la emoción usando las imágenes, que implica un estadio más profundo. Y si esto no es posible, entonces se retrocede aún más y se usan las frases. Al repetir las frases, a menudo no necesitaremos decirlas todas enteras, sino solo las palabras clave: libre de sufrimiento. Cuando volvamos a sentir la emoción dejaremos de repetir las frases o de generar las imágenes de la fase previa.

Mientras generamos la emoción de compasión, no debemos preocuparnos de nada más. Específicamente, no debemos pensar en lo siguiente:
- Si llega a todos los seres o a quién llega: no nos importa la distancia o la intensidad de la irradiación. Damos por hecho que cada ser recibirá lo que necesite y nuestra energía llegará a quien tenga que llegar, en un proceso no voluntario y desprendido. Es como la luz del sol o la lluvia, que cae sobre todos los seres sin distinción.
- Si la práctica tiene efecto en otras personas: basta con que la tenga en nosotros; y se notará cuando coincidamos con otras personas, sobre todo, con los que más dificultades tenemos.
- Pero, en concreto, no debemos pensar en alcanzar los *jhanas*, porque el deseo aleja el objetivo de fundirnos en estos estados que son «sin deseo». Tenemos que centrarnos exclusivamente en la compasión.

9. Alegría altruista o empática (*muditā*)

> Un santo triste
> es un triste santo.
>
> Frase atribuida a SANTA TERESA DE JESÚS

Concepto

La alegría debe ser uno de los aspectos centrales de la vida del meditador. Puede entenderse como una ruptura de los patrones habituales de pensamiento y reacción que nos permite responder a las circunstancias adversas con felicidad, claridad y confianza. La alegría altruista o empática, denominada *muditā* tanto en pali como en sánscrito, sería una dimensión particular, y significa regocijarse de la felicidad de los demás, así como de nuestra propia felicidad. Desempeña un papel fundamental en el cultivo de la auténtica bondad amorosa y de la compasión.

Es algo que solemos hacer habitualmente con nuestros seres queridos, familia y amigos, o con nuestras mascotas. También nos ocurre con frecuencia con personas neutras de las que nos alegramos que les vayan bien las cosas, sobre todo si consideramos que sufren o han sufrido circunstancias desfavorables.

Pero, si somos sinceros, reconoceremos que, en nuestra sociedad industrializada y materialista, hay personas que tienen la tendencia a albergar algún tipo de resentimiento contra quienes consiguen materializar sus sueños. Por ejemplo, si una persona tiene mucho dinero, a menudo existe la sospecha implícita de que, de alguna manera, ha sido poco escrupulosa y se ha aprovechado de sus semejantes. Sin embargo, no tenemos que estar interesados en juzgar o menospreciar a la gente. Sucede lo mismo si han tenido algún otro tipo de éxito, como fama, o belleza, o lo que sea; es frecuente que pensemos que no se lo merecen o que nosotros nos lo merecemos más. Pero incluso con amigos o familiares, y entre hermanos es muy frecuente, es posible que queramos que les vaya bien, pero no mejor que a nosotros. Hay como un límite aceptable en su bienestar, que suele rebasarse cuando les va mejor que a nosotros.

Esto es lo que hemos llamado «filosofía de la carencia»: el éxito o beneficio de los demás parece que limita el nuestro, como si hubiese una felicidad limitada en el mundo y su éxito nos robase parte. Debemos desarrollar una «filosofía de la abundancia»: no hay límite a la felicidad humana, el éxito o alegría de los demás no solo no compiten con nuestros éxitos y alegrías, sino que también son una importante causa de alegría para nosotros.

Así, deberíamos experimentar una alegría desinteresada por el progreso, el éxito y la felicidad de los demás. La alegría empática implica identificarse con sus éxitos y cualidades positivas. El cultivo eficaz de la alegría empática nos afecta profundamente tanto a nosotros como a quienes nos rodean. Una persona puede permanecer atrapada en pensamientos y patrones de comportamiento muy negativos, pero es fascinante verla transformarse cuando practicamos la alegría empática en su presencia. La auténtica alegría empática es contagiosa, y es muy interesante observar de qué modo la gente cambia y empieza a florecer en presencia de alguien que ha logrado dominar esta práctica. Un ambiente sombrío y miserable puede convertirse, rápidamente, en una atmósfera de felicidad, vitalidad y armonía. El meditador bebe del manantial de su alegría interior, sabiendo que está eternamente disponible para él y para todos aquellos con quienes se encuentra (Shonin y cols., 2019).

De la misma forma que ocurre con los dos anteriores inconmensurables, deseamos que el otro sea feliz (bondad amorosa) y que esté libre del sufrimiento (compasión), pero con especial énfasis en las causas que aumentan la felicidad y que disminuyen el sufrimiento, es decir, en la práctica de la meditación. Aquí nos alegramos de la alegría de los demás, pero mucho más si están alegres por realizar acciones virtuosas, como meditar o ser compasivos.

También la alegría empática se produce hacia nosotros mismos. Implica observar nuestras virtudes, comportamientos y aspiraciones, y deleitarnos cuando vemos que son de naturaleza saludable, virtuosa. Hay que evitar pensar «soy una persona fantástica», «soy mejor que la gente que no medita» o temas similares que refuerzan el ego. Eso sería absurdo y una prueba de desconocimiento de la interdependencia: todo lo que hemos conseguido ha sido gracias a la ayuda de mucha gente que ha intervenido en ello. Siempre la alegría por lo que uno ha hecho es contextual: incluye la alegría por todas las personas que se han beneficiado de mi práctica y el agradecimiento a todos los que me han enseñado y ayudado a desarrollarla. Así, la alegría es inmaculada.

Esa alegría puede servirnos de inspiración: si antes nos costaba mucho meditar y ahora nos resulta más fácil, o si teníamos dificultades para generar compasión y ahora la hemos incorporado, es una motivación para seguir practicando (Wallace, 2018). La alegría empática también evita que aparezcan emociones como la autodenigración, el perfeccionismo, la culpa o la vergüenza. No debemos centrarnos solo en la alegría por la meditación, sino también por aspectos como la ética. Observamos algunos rasgos de carácter que podrían producir malestar a otras personas y que hemos disminuido o eliminado. Nos alegramos también por ese avance.

Los enemigos de la alegría empática

Existen discrepancias entre diferentes autores respecto a los enemigos cercanos y lejanos de la alegría empática. Así, Wallace defiende que el enemigo cercano de la alegría empática es la frivolidad, un estado no maligno, pero que no tiene la profundidad ni los beneficios de este inconmensurable; y considera que el enemigo lejano es una mezcla de cinismo y desesperación. El *Visuddhimagga* (Buddhaghosa, 2016) considera que el enemigo lejano son la aversión y el aburrimiento.

En mi opinión, la envidia estaría en el núcleo de lo que sería el enemigo lejano de la bondad amorosa. Creo que existe un componente de diferencia transcultural Occidente-Oriente que produce estas discrepancias. La envidia es un «pecado» muy típicamente occidental, basado en el culto extremo a la personalidad que nos caracteriza. Por el contrario, la alegría empática es una emoción casi desconocida, muy difícil de entender por los practicantes occidentales.

a) El enemigo lejano: la envidia
(García Campayo, 2022)

El enemigo lejano de la alegría empática serían la aversión, el resentimiento, la envidia o los celos, ya que son emociones que muestran aspectos solapados. Los celos o la envidia serían la incapacidad para alegrarse de la felicidad de los demás, siendo la diferencia que los celos muestran un componente más centrado en las relaciones de pareja y de posesión, mientras que el objeto de la envidia es más general y puede abarcar a todos los seres sin ese matiz posesivo.

La envidia es una de las emociones humanas más inútiles y destructivas, ya que dedicamos más tiempo a pensar en las injusticias que supuestamente nos han infligido que en las acciones buenas que hemos recibido de los otros. Por supuesto, somos incapaces de reconocer las injusticias que nosotros hemos infligido a los demás. Mientras otros «pecados», como la gula o la lujuria, están asociados a un disfrute personal, en la envidia no existe ningún beneficio para quien la padece, porque solo se desea el mal del otro. La envidia es una emoción negativa que surge si a otra persona le va bien y que, incluso, puede llevar a desear que las cosas le vayan mal. En principio, la envidia se dirigiría hacia aquellas personas que no nos caen bien, lo que hemos llamado «nuestros enemigos». Pero, increíblemente, la envidia aparece muchas veces cuando les van bien las cosas a amigos y a gente a quien queremos. ¿Cómo es posible que no nos alegremos de que les vaya bien a nuestros seres queridos?

Suele haber dos razones básicas para la envidia (García Campayo, 2022). La primera es un prejuicio que considera que las cosas buenas, la felicidad que ocurre en el mundo, constituyen un bien limitado en cuanto a cantidad (lo que hemos llamado «filosofía de la carencia»).

Por tanto, si alguna persona, aunque sea un amigo, se lleva cierta cantidad de esa felicidad, es menos probable que nos toque a nosotros recibir parte de la que queda. Este pensamiento mágico suele surgir en los primeros años de vida, en relación con nuestros padres y hermanos. Los niños tienen la idea de que el afecto y la atención de los padres son limitados y que hay que luchar por ellos contra los hermanos. Si los padres hacen caso a nuestros hermanos, es probable que a nosotros nos toque menos afecto, y por eso entramos en competición. Podemos intentar situarnos en nuestros primeros años de vida e intentar comprender esos sentimientos de envidia infantiles.

Una segunda razón, aún más frecuente, es la falacia de la justicia. Sentimos que es injusto que esa felicidad haya llegado a esa persona cuando nosotros nos la merecemos más, según nuestra sesgada opinión. Nosotros hemos trabajado más duro o tenemos algún otro mérito y, sin embargo, no podemos obtenerla. Uno de los errores de razonamiento es pensar que se puede medir el esfuerzo realizado por cada uno. Por otro lado, la felicidad no aparece, necesariamente, como recompensa por un esfuerzo, aunque esa idea subyace en la humanidad. Según la tradición budista, estaría muy ligada a nuestro karma previo.

Habría otras dos líneas de razonamiento que podrían ayudarnos a manejar la envidia:

1) *Nuestra felicidad es ilimitada* y no depende de otras personas ni de los objetos externos. Mindfulness nos permite conectar con la alegría incondicionada, la que surge por el simple hecho de estar vivo aquí y ahora, y ser consciente de ello. Nuestra felicidad solo depende de nuestro trabajo interior y no del entorno.

2) ¿En *qué* me beneficia que otra persona no sea feliz? Es evidente que no me beneficio del sufrimiento de los demás. La práctica de la alegría compartida nos permitiría sentir que, cuanta más alegría haya en el mundo, es mejor para todos.

La alegría altruista o empática sería el antídoto natural de la envidia. Consiste en poder alegrarnos del bienestar de los otros, de que las cosas les vayan bien, aunque a veces hayan competido con nosotros por ese resultado, por ejemplo, en un ascenso en el trabajo, en aprobar una oposición, o en consolidar una relación de pareja con alguien que nos gustaba también a nosotros. Esta emoción aparece claramente con los seres queridos, pero también debería aparecer con las personas que nos son indiferentes e incluso con aquellas con las que tenemos conflictos. La alegría empática es poco frecuente en nuestro entorno cultural, donde no se estila alegrarnos por el éxito o la felicidad de los otros.

La alegría altruista surge de la comprensión de que la felicidad y el bienestar en el mundo son ilimitados, que el «éxito» de los otros no me afecta negativamente a mí, sino que puedo compartirlo porque todos estamos interconectados, y la felicidad de otros afectará positivamente a todo el universo, incluidos nosotros. Como todo estado mental, la emoción de la alegría altruista se puede entrenar. Requiere apartarse de nuestros pensamientos habituales egocéntricos y competitivos y centrarse en entender el beneficio que la alegría de los demás produce en todo el universo (García Campayo, 2022). El Dalái Lama, en relación con la alegría altruista, dice: «Si en vez de alegrarnos solo por nuestros éxitos, pudiésemos alegrarnos por los de todos los seres humanos, tendríamos siete mil millones de razones para alegrarnos y no solamente una».

b) El enemigo cercano: el entusiamos forzado y el orgullo

El enemigo cercano de la alegría empática es el «entusiasmo forzado», que es similar a la excitación, aunque un poco menos espontáneo. El entusiasmo forzado significa actuar con un nivel de energía y emoción que hace que la gente se sienta incómoda. Es bueno mostrarse entusiasmado, pero hay un momento y un lugar para este tipo de energía. Si una persona pretende dar a conocer a todo el mundo que se siente feliz y llena de energía, sin duda, eso es algo antinatural. Muchos oradores públicos recurren a esto, es decir, contrarrestan su nerviosismo e inseguridad inyectando en su exposición un exceso de entusiasmo. Ahora bien, la auténtica alegría empática no implica ningún tipo de exhibicionismo, sino que es espontánea y desinteresada.

Otra forma de enemigo cercano de la alegría empática es el orgullo. Consiste en alegrarse de la felicidad de los otros porque yo he tenido algo que ver en ese éxito, o porque me beneficia de alguna forma (p.ej., alegrarme por un éxito de mi pareja o de mi hijo porque, obviamente, a mí me beneficia o puedo sentirme orgulloso de ese hecho). La alegría empática debe ser neutra, no hay ningún beneficio egoico para mí, y debería aparecer incluso aunque no haya tomado parte en lo que produce alegría a la otra persona.

Cultivar la alegría empática mediante la práctica formal

Feldman (2017) considera que la alegría empática se basa en cuatro fundamentos:

1. Integridad o ética. Unos fundamentos éticos básicos son imprescindibles para desarrollar una sensación de bienestar. Serían acciones, pensamientos y emociones basados en la bondad y la compasión.
2. Apreciación. Es la capacidad de poder observar la belleza del mundo y de los seres, su grandeza y perfección, más allá de limitaciones y aspectos negativos que también van a existir en todo.
3. Gratitud. Sentir agradecimiento por todo lo bueno que experimentamos cada día. La gratitud iría dirigida a nosotros mismos, por permitirnos saborear la belleza; a los otros seres animados o inanimados que generan esa belleza; y a Dios, al universo, a la mente única, o como queramos llamarlo, que expresa aquello a lo que todos los seres estamos unidos y pertenecemos.
4. Contentamiento. No desear continuamente objetos, personas o situaciones, sino poder ser feliz con lo que la vida nos ofrece sin desear nada más. Sin apego a lo que ya tenemos ni deseo por lo que podamos tener.

A continuación, incluimos algunas contemplaciones que podemos utilizar para cultivar la alegría empática. A medida que vayamos familiarizándonos con la práctica, será menos importante comenzar por el principio y podremos decidir centrarnos en uno o dos ejercicios individuales (Shonin y cols., 2019):

1. Reflexiona, de manera positiva, sobre tu propia situación vital y considera lo afortunado que eres. Tienes un cuerpo que funciona perfectamente y te permite disfrutar del mundo. Hay personas que no tienen intactas todas sus facultades sensoriales. Por tanto, si tus facultades sensoriales están en pleno funcionamiento, te encuen-

tras en una posición privilegiada y afortunada. Debes inspirar y espirar con consciencia y sentirte feliz y satisfecho por tu buena fortuna. Si ocurre que una o más de tus facultades sensoriales no se hallan en buenas condiciones de funcionamiento, aun así debes inspirar y espirar y sentirte genuinamente satisfecho porque, entre muchas otras cosas, todavía puedes respirar y estás vivo.

2. El siguiente paso consiste en reflexionar sobre los aspectos adicionales de tu vida que son motivo de alegría. Tal vez tienes un trabajo que te proporciona los medios para sobrevivir y mantener un techo sobre tu cabeza. Tal vez dispongas de tiempo libre para poner en práctica tus aficiones e intereses, para leer libros y relajarte, o para promover tu desarrollo personal y espiritual. Quizá mantengas una relación sana y cercana con tus padres, pareja, hijos o amigos. Todos estos son ejemplos de cosas por las que debemos sentirnos alegres.

Al contemplar los diversos aspectos de tu vida que son causa de felicidad, es importante la sinceridad. La gratitud y la alegría que generas deben provenir de una genuina intención. ¿Cuántas veces les has dado las gracias a los cientos de personas que te han ayudado a ser lo que eres? En consecuencia, cuando practiques el agradecimiento y la alegría por las cosas agradables que hay en tu vida, trata de ser entusiasta y sincero, y permite que el sentimiento de alegría brote desde tu interior más profundo.

3. Posteriormente, podemos fijarnos en factores más genéricos que son causa de felicidad, permitiendo, al mismo tiempo, que el sentimiento de alegría crezca en intensidad. Por factores genéricos entendemos la alegría por cosas como el sol resplandeciente, o la lluvia que cae y nutre las plantas y los árboles. En ausencia

del sol o la lluvia, todos estaríamos muertos. Lo mismo se aplica a los árboles que desprenden oxígeno, las abejas que polinizan las plantas y los insectos que ayudan a descomponer la materia orgánica. Todas estas cosas son milagros que contribuyen a mantenernos vivos.

No debemos dar nada por garantizado y debemos saber que nuestra vida depende del resto de los fenómenos. Debido a esta comprensión, se puede experimentar alegría por lo que otras personas consideran ordinario o rutinario. Esto se debe a que no existe tal cosa como un acontecimiento rutinario. Todo lo que sucede ocurre por primera y última vez. Tampoco existe nada «ordinario», porque todo en el universo, incluyendo la araña que corre por el fregadero, es completamente único.

4. A medida que el sentimiento de alegría surge en nuestro interior, nos bañamos en él y nos sentimos de verdad vivos. Cuando estemos preparados, el siguiente paso consistirá en reflexionar sobre las cualidades positivas, la felicidad y el éxito de los demás. Puede que haya un compañero en el trabajo que esté contento a causa de un reciente ascenso, o quizá alguien que conoces ha iniciado hace poco una relación amorosa. Inspira y espira y genera sentimientos de intensa alegría y felicidad hacia estas personas. Por supuesto, todas las cosas son transitorias: aunque otros experimenten éxito y felicidad en este momento, no durará para siempre. Por tanto, además de los sentimientos de alegría, debemos generar compasión hacia ellos, puesto que esa felicidad tan solo es temporal.

Esta etapa particular del ejercicio contemplativo no debe confundirse con generar orgullo. Por ejemplo, tal vez seas madre o padre, y naturalmente te sientas orgulloso porque a tus hijos les va bien en la escuela. La alegría empática es más generosa y abierta que el orgullo, el cual solo está orientado hacia el propio yo.

5. La siguiente fase requiere un mayor grado de pensamiento abstracto, puesto que supone reflexionar sobre las dificultades que experimentamos hoy en nuestra vida y alegrarnos por ellas. Puede tratarse de dificultades en las relaciones con la familia, pareja o amigos, o, también, de una situación laboral que nos haga sentir especialmente molestos. Otros ejemplos serían: un acontecimiento traumático que hayamos experimentado en el pasado, una situación persistente que nos hace sentir ansiosos o estresados.

Si experimentas sufrimiento en este momento debido a una enfermedad, también es un tema adecuado de reflexión. Sin embargo, antes de invocar mentalmente una dificultad particular para reflexionar sobre ella, debemos asegurarnos de estar enraizados en el momento presente y de sentirnos tranquilos y estables como para poder trabajarla. Tras haber cultivado una mente centrada y alegre, elegimos un aspecto específico de nuestra vida y nos concentramos en él. Empezamos examinándolo desde el punto de vista de un espectador neutral para analizarlo con mayor claridad y sin los efectos sesgados de las emociones negativas.

Imaginemos que la situación que nos genera angustia está relacionada con algo que ha dicho o hecho una persona querida. Tal vez, la persona en cuestión ha sido torpe y te ha hecho daño. En lugar de fijarnos tan solo en sus acciones, sopesamos la idea de que, además de las situaciones difíciles que habrá soportado esa persona y que le han podido influir, el sufrimiento que nos ha producido nos ayuda en nuestro camino. Si la gente no experimentase sufrimiento, no se sentiría motivada a buscar un camino que condujese al final del sufrimiento. Al examinar la situación con objetividad y claridad, puedes considerar a la persona que te hizo sufrir como un maestro. Nos ha otorgado el regalo de crecer en sabiduría, consciencia y compasión. Esto es algo por lo que alegrarse.

También debemos aceptar que, al menos hasta cierto punto, el sufrimiento que soportamos está fuertemente influenciado por nuestra propia interpretación de los hechos. Siempre generamos expectativas acerca de cómo nos gustaría que se desarrollase nuestra relación con alguna persona en cuestión y nos causa sufrimiento que no se cumplan esas expectativas. Si albergamos muchas expectativas, significa que estamos tratando de condicionar el futuro, es decir, que no vivimos en el aquí y ahora.

Entender que somos realmente el mayor contribuyente a nuestro propio sufrimiento ayuda a cambiar la manera en que percibimos las dificultades que afrontamos en la vida. Si no generásemos expectativas y no hiciésemos siempre las cosas de acuerdo al «mí», lo «mío» y el «yo», sufriríamos menos. Esa persona hizo lo que hizo y es quien es. No deberíamos tratar de convertirla en alguien que no es. Ella tiene su propia perspectiva sobre la situación, que difiere de la nuestra.

Al modificar nuestra relación con la situación que nos ha provocado sufrimiento, aprendemos a transformarlo y a utilizarlo como causa para cultivar la felicidad. Sin sufrimiento, sería imposible cultivar la serenidad y la alegría. Por esa razón, debemos sentirnos cómodos con nuestro sufrimiento, aceptarlo y no intentar eludirlo. En esta parte crucial de la contemplación, inspiramos y observamos profundamente nuestro sufrimiento, luego espiramos y nos sonreímos de manera amable a nosotros mismos. Inspiramos y experimentamos la alegría de entender y aceptar el sufrimiento. Al espirar, permitimos que esa alegría impregne todo nuestro cuerpo. Inspiramos y cultivamos la alegría en el centro de nuestro corazón. A continuación, espiramos y compartimos esa alegría con las personas y situaciones que nos han hecho sufrir y les damos las gracias.

6. El ejercicio contemplativo de cultivar la alegría empática concluye devolviendo la consciencia al flujo natural de la inspiración y la espiración, cerciorándonos de que no hemos generado tensión en el cuerpo ni en la mente debido a la reflexión sobre el sufrimiento. Para ello, examinamos el cuerpo con el fin de comprobar si se siente relajado y cómodo realizando un rápido *body scan*.

Práctica informal de la alegría empática

Existen diferentes situaciones en las que podemos practicar, de modo informal, la alegría altruista. Incluimos dos muy habituales:

1. **En la vida diaria.** En cualquier momento en que les ocurran situaciones de felicidad a otras personas, de manera individual o colectiva, por ejemplo, cuando le toca a otras personas la lotería, cuando gana su equipo deportivo, cuando las ascienden en el trabajo, cuando son fiestas patronales y disfrutan de ello; sentimos su felicidad como si fuese nuestra. Aún debemos hacerlo más cuando es por una actividad virtuosa o espiritual: cuando salen de un retiro, terminan una práctica o un curso de meditación, cuando contactan con un maestro espiritual, cuando hacen buenas obras. En esas situaciones, nos alegramos por los demás como si fuese nuestra propia felicidad.

2. **Viendo las noticias en televisión.** Este puede ser un extraordinario ejercicio. Como, a menudo, suelen predominar las noticias negativas, en ese momento podemos generar la compasión hacia los demás. Si existen noticias positivas, nos alegramos espontáneamente de la alegría de esas personas, las que sean. Siempre se puede responder con uno de los cuatro inconmensurables a las circunstancias externas, y no con envidia, desprecio, desesperación u otras emociones no virtuosas.

**La práctica del *brahmavihāra*
de la alegría altruista o empática**

(Buddhagosha, 2016; Thera, 1958; Feldman, 2017;
Wallace, 2018; Ayya Khema, 2022)

Tenemos en cuenta todo lo que hemos descrito al desarrollar la práctica de *mettā.*

**1. Nivel uno: meditación discursiva sobre
la alegría empática y sus enemigos**
(10-15 minutos)

a) Reflexión sobre la alegría empática
Es un estado mental que se regocija de la felicidad de los demás, así como de nuestra propia felicidad. Es una alegría desinteresada

porque celebra el progreso, el éxito y la felicidad de los demás. La alegría empática implica identificarse con los éxitos y cualidades positivas de otros. Como en los otros inconmensurables, ponemos especial énfasis en las causas que aumentan la felicidad y que disminuyen el sufrimiento, es decir, en la práctica de la meditación y la ética. Nos alegramos de la alegría de los demás, pero mucho más si están alegres por realizar acciones virtuosas, como meditar o ser compasivos.

b) Reflexión sobre el enemigo lejano: la envidia
Es una emoción negativa que surge si a otra persona le va bien y que, incluso, puede llevar a desear que las cosas le vayan mal. La envidia tendría lugar no solo hacia nuestros enemigos, sino también hacia nuestros amigos. Las causas más habituales serían: 1) sensación de que la suerte y las cosas buenas son limitadas, por tanto, si las reciben otros, nos las «quitan» a nosotros; 2) sensación de que no es justo que otros tengan más suerte que nosotros. Debemos pensar que no sabemos lo que han hecho otros, luego que se lo merecen menos que nosotros es una opinión subjetiva. Por otra parte, la suerte de otros no limita la nuestra. El Dalái Lama dice que ahora tenemos solo un motivo para alegrarnos, pero si nos alegrásemos con la felicidad de los otros, tendríamos siete mil millones de motivos.

c) Enemigo cercano: el entusiasmo forzado y el orgullo
El entusiasmo forzado es similar a la excitación, aunque menos espontáneo, y significa actuar con un nivel de energía y emoción que hace que la gente se sienta incómoda.

El orgullo consiste en alegrarse de la felicidad de los otros porque yo he tenido algo que ver en ese éxito o porque me beneficia de alguna forma (p.ej., alegrarme de la alegría de mi pareja o de mi hijo, éxitos de los que puedo sentirme orgulloso).

2. Nivel dos: meditación mediante el uso de palabras
(20-30 minutos)

a) Usar el nombre de *muditā*/alegría altruista

Podemos repetirnos a nosotros mismos la palabra *muditā* o su traducción a nuestra lengua materna, por ejemplo «alegría altruista». No como un mantra, sino de vez en cuando, para conectar con la emoción. Junto al nombre, podemos pensar en las cualidades de la emoción: alegrarse de la felicidad de los otros y de sus causas de forma desinteresada. Una alegría que no nos beneficia y a la que no hemos contribuido. Nos alegramos de esa alegría como si fuese nuestra. Esta parte de la práctica podría durar unos 5 minutos.

b) Usar las frases de alegría altruista

En la segunda parte de este nivel, usaremos una frase que resume la cualidad y que se repite varias veces. Son frases cortas y sencillas para no intelectualizar y no dar pie al diálogo interno. Las repeticiones deben ser de tres o máximo cuatro frases. Incluiremos algunos ejemplos de estas frases, pero, en teoría, deben ser generadas por cada uno. Seguimos la estructura tradicional: a) uno mismo, b) personas queridas y amigos, c) personas neutras, d) personas difíciles, y e) todos los seres.

- **Uno mismo**

Nosotros somos el primer objeto de la alegría empática. Debemos alegrarnos de nuestra felicidad y de la de los demás, así como de los aspectos virtuosos (relacionados con la meditación y la ética), y también de la felicidad mundana (éxitos habituales de la vida). Evitamos pensar que somos grandes meditadores, buenas personas o temas similares que refuerzan el ego. Nos hacemos conscientes de la interdependencia: todo lo que hemos conseguido ha sido gracias a la ayuda de mucha gente que ha intervenido en ello. Nuestra alegría debe ser contextual: incluye la alegría por todas las personas que se han beneficiado de nuestra práctica y el agradecimiento a todos los que nos han ayudado a desarrollarla.

Las dos primeras frases describen alegría empática por nuestra propia virtud y las dos segundas se refieren a la alegría por la felicidad de otros:

- ¡Que pueda regocijarme y agradecer todos los momentos felices de mi vida!
- ¡Que pueda alegrarme de mis acciones y pensamientos virtuosos relacionados con la meditación o la ética!
- ¡Que pueda alegrarme de la alegría y felicidad de los demás como si fuesen mías!
- ¡Que pueda alegrarme de las acciones virtuosas de los demás como si fuesen mías!

Nos mantenemos 5 minutos en esta sección.

- **Personas queridas y amigos**

Aquí podemos traer a nuestra mente familiares, amigos, benefactores, o a cualquier persona que sintamos que amamos y nos quiere.

Nos alegramos de la felicidad de los demás, tanto en los aspectos virtuosos como mundanos. Observamos si aparece la envidia y la trabajamos. Las frases serían las mismas que las empleadas para uno mismo, pero ampliando la diana:

- ¡Que mis seres queridos puedan regocijarse y agradecer todos los momentos felices de su vida!
- ¡Que mis seres queridos puedan alegrarse de sus acciones y pensamientos virtuosos relacionados con la meditación o la ética!
- ¡Que mis seres queridos puedan alegrarse de la alegría y felicidad de los demás como si fuesen de ellos mismos!
- ¡Que mis seres queridos puedan alegrarse de las acciones virtuosas de los demás como si fuesen de ellos!

Nos mantenemos 5 minutos en esta sección.

• Personas neutras

Esta sección se realiza exactamente igual que la de los amigos. La duración suele ser más breve que la anterior. Con las personas neutras debemos ser conscientes de nuestra indiferencia hacia ellas. Las frases serían las mismas que las empleadas para los seres queridos:

- ¡Que las personas que me son neutras puedan regocijarse y agradecer todos los momentos felices de su vida!
- ¡Que las personas que me son neutras puedan alegrarse de sus acciones y pensamientos virtuosos relacionados con la meditación o la ética!
- ¡Que las personas que me son neutras puedan alegrarse de la alegría y felicidad de los demás como si fuesen de ellos mismos!
- ¡Que las personas que me son neutras puedan alegrarse de las acciones virtuosas de los demás como si fuesen de ellos!

Nos mantenemos 5 minutos en esta sección.

• Personas difíciles

Suele resultar la sección más difícil. Con las personas difíciles o enemigos debemos ser conscientes de nuestro odio o aversión hacia ellos. Podemos tomar conciencia de que ellos también son felices y están alegres, en general en conexión con una buena relación con otras personas, con sus amigos, ya que también tienen la capacidad de generar ese tipo de relaciones positivas. Si podemos alegrarnos por la felicidad de nuestros enemigos, sobre todo por los aspectos relacionados con la virtud y la práctica, eso producirá un efecto muy beneficioso en nuestra mente.

Las frases serían las mismas que las empleadas en las dos secciones anteriores:

- ¡Que mis enemigos puedan regocijarse y agradecer todos los momentos felices de su vida!
- ¡Que mis enemigos puedan alegrarse de sus acciones y pensamientos virtuosos relacionados con la meditación o la ética!
- ¡Que mis enemigos puedan alegrarse de la alegría y felicidad de los demás como si fuesen de ellos mismos!
- ¡Que mis enemigos puedan alegrarse de las acciones virtuosas de los demás como si fuesen de ellos!

Nos mantenemos 5 minutos en esta sección.

• Todos los seres

Aquí expandiríamos el deseo de ecuanimidad a todos los seres humanos, en particular, y a todos los seres vivos, en general. Podemos imaginar situaciones de gran alegría general en una población,

como el fin de una guerra, que haya tocado la lotería o el fin de una epidemia. Las frases son las mismas y se generalizan:
- ¡Que todos los seres puedan regocijarse y agradecer todos los momentos felices de su vida!
- ¡Que todos los seres puedan alegrarse de sus acciones y pensamientos virtuosos relacionados con la meditación o la ética!
- ¡Que todos los seres puedan alegrarse de la alegría y felicidad de los demás como si fuesen de ellos mismos!
- ¡Que todos los seres puedan alegrarse de las acciones virtuosas de los demás como si fuesen de ellos!

De nuevo, en esta sección, permaneceríamos unos 5 minutos.

Si usamos la alegría altruista para alcanzar *jhanas*, tenemos que estar como mínimo 30 minutos para que tengamos posibilidades de llegar a la concentración de acceso.

3. Nivel 3: usar imágenes visuales
(5-10 minutos)

Al pasar a esta sección, mucho menos racional y más profunda, debemos conectar con la espaciosidad de la mente, con la sensación de que es ilimitada, de que se extiende por todas las direcciones sin fin. Sobre esa mente tridimensional e ilimitada, realizamos la visualización. La visualización debe poseer las características clásicas: 1) ocupar todo el espacio de la mente; 2) tridimensional; 3) en color y traslúcida, y 4) multisensorial.

Algunas de las imágenes que pueden asociarse a la alegría empática son:
- Observar a una persona querida (o neutra si notamos que surge apego) disfrutando de una gran felicidad (preferiblemente virtuosa, ligada a la meditación o a la ética; pero también puede ser mundana, producida por cualquier causa) y sentir su alegría como si fuese nuestra, sin diferenciar ambas.
- Observar una situación de gran alegría colectiva. Un ejemplo de situaciones mundanas pueden ser las fiestas patronales de una ciudad, el fin de una guerra o de una desgracia tipo epidemia, incendio u otra circunstancia, o haber tocado el sorteo de la lotería o ganar una competición deportiva. O puede ser por una causa virtuosa, como observar una celebración religiosa (una misa, una celebración en un templo o una fiesta religiosa). Conectamos con la alegría de los otros y nos fusionamos con ella sintiéndola absolutamente nuestra, sin diferenciar entre la alegría de los demás y la nuestra.

4. Nivel cuatro: irradiación sin pensamiento discursivo ni imágenes visuales

(Desde un mínimo de 10 minutos, hasta que se alcance el estado de *jhana*)

En esta fase, debemos ir hacia un estado sin esfuerzo; por lo tanto, no debe existir una visualización voluntaria, que requiera esfuerzo mantenerla, y mucho menos repetición de frases o pensamientos.

Como absorción, debería desaparecer el diálogo interno y quedarnos «absorbidos» por la sublime emoción de *muditā*.

La visualización sencilla y con mínimo esfuerzo que se recomienda es sentir una luz del color que deseemos (rojo, amarillo, naranja, blanco) que surge de nuestro corazón y se extiende sin obstrucción a los demás seres. La irradiación se hace en todas las direcciones y a todos los seres, sin distinción y con la misma intensidad. Como apoyo a la sensación de irradiación, podemos imaginar que emitimos un sonido suave, agradable, vibrante, monocorde, que lo inunda todo, junto a la luz y la emoción que generamos. Tanto la luz como el sonido se van generando progresivamente, sin esfuerzo, como si descorriésemos una cortina que tapaba la luz del sol y, de forma natural, se dispersa por todo.

La atención la situamos en la alegría empática, en el sentimiento de que la felicidad de los demás es la nuestra y en nuestro regocijo por ella. La sensación genera un bienestar muy corporal y lo inunda todo, mezclándose con la admiración por la belleza de todo el proceso. Tenemos en cuenta también otros aspectos, como: 1) la espaciosidad de la mente; 2) no se requiere ningún esfuerzo, y 3) no existe objeto ni sujeto.

Una vez que se ha generado la emoción, no hace falta usar las frases o las imágenes. Solo se reactivan cuando se nota que la emoción decae. Cuando volvamos a sentir la emoción, dejamos de repetir frases o generar las imágenes de la fase previa. Mientras generamos la emoción de alegría empática no debemos preocuparnos por nada más. Mantenemos este estado todo el tiempo que deseemos.

10. Ecuanimidad (*upekkhā*)

> Al abandonar el placer y el dolor,
> y con la previa desaparición de la alegría y el displacer,
> entré y moré en el cuarto *jhana*,
> que no es ni doloroso ni agradable,
> y que incluye la purificación de la atención plena
> mediante la ecuanimidad.
>
> *Samyutta Nikāya* 28:4

Concepto

En la tradición budista, el término *ecuanimidad* (*upeksha* en sánscrito, *upekkhā* en pali) posee múltiples definiciones. El núcleo de la palabra es «ojo» o «ver» (*kesh*) junto al prefijo (*upa*), que podría traducirse como «ver desde arriba», es decir, con perspectiva o como «ver sin interferencia» (Desbordes y cols., 2015). También podría traducirse como «cuidar» o «ser el guardián de» (Feldman, 2017). Se traduce en castellano como «ecuanimidad», una palabra procedente del latín *aequanimitas*, que significa tener una mente tranquila, un estado psicológico de calma y estabilidad. La Real Academia Española de la Lengua (RAE, 2001) usa definiciones similares a la budista y a la empleada en psicología: 1) Igualdad y constancia de ánimo, y 2) Imparcialidad de juicio.

La ecuanimidad es uno de los cincuenta y dos estados mentales según el *Abhidharma*, el análisis y la clasificación budista de la mente y los procesos mentales. Se considera un factor mental universal y bello. También es uno de los siete factores del despertar. Si la ecuanimidad está muy desarrollada, se produce un equilibrio total y no existe ningún esfuerzo para mantener la atención plena (Alvear, 2015).

Según Bodhi (2000) existirían dos acepciones:

- «Un sentimiento neutral» que no es ni agradable ni desagradable y que no intensifica ni disminuye el estado mental previo. Es una experiencia frecuente en el ser humano, y la psicología actual la describiría como «valencia neutra».
- Un estado mental que no puede ser influenciado por sesgos o preferencias. Es casi imposible de experimentar de forma natural sin entrenamiento.

Esta segunda definición es la que nos interesa. Ahora bien, veremos que existen dos dimensiones de la ecuanimidad: a) hacia los fenómenos y circunstancias, y b) hacia las personas. Algunos maestros se han referido más a un aspecto o al otro.

a) Ecuanimidad hacia los fenómenos y circunstancias

Thanissaro Bhikkhu (1996) la describe como «una mente equilibrada ante cualquier tipo de experiencia, independientemente de que exista placer o dolor». Por tanto, la respuesta es idéntica y calmada, aunque la valencia sea positiva, negativa o neutra. Existe absoluta imparcialidad, de forma que, cuando la experiencia es desagradable, no hay represión, negación, juicio o aversión. Por el contrario, cuando es agradable, no se produce sobreexcitación, no se intenta prolongar la experiencia ni se desarrolla adicción a ella. En ambos casos, el sujeto las vive con el mismo interés (Grabovac *et al.*, 2011), lo cual va contra nuestra tendencia natural a buscar el placer y huir del sufrimiento. Ambas son formas del apego, que constituye la raíz del sufrimiento según el budismo.

Olendzki (2010) define la ecuanimidad como «una manera de estar presente en el placer sin apego, y de estar presente en el dolor sin resistencia». Los seres humanos estamos diseñados para hacer todo lo contrario: apegarnos al placer y rechazar el dolor. De hecho, para este autor, la principal diferencia entre el mindfulness de las tradiciones contemplativas, como el budismo, y el mindfulness como herramienta psicológica, es que la ecuanimidad resulta un objetivo clave dentro de la visión espiritual, mientras que resulta desconocida en el uso actual de la técnica de mindfulness.

También Bodhi la ha descrito como un rasgo o estado mental difícil de alcanzar y que requiere práctica, que no puede ser afectada por sesgos y preferencias, y que permanece estable, independientemente de que en la experiencia exista dolor o placer. Es un estado mental que nos protege de la agitación emocional en situaciones de alegría o adversidad. La ecuanimidad implica imparcialidad. De esta manera, podríamos aproximarnos a las experiencias agradables, desagradables y neutras con igual interés (Bodhi, 2005). No existe negación, represión, juicio o aversión a ninguna vivencia negativa, ni tampoco sobreexcitación ante situaciones positivas. Tampoco existe indiferencia hacia las experiencias neutras, circunstancia muy frecuente, sino que nos aproximamos a ellas con la misma curiosidad que deberíamos mostrar hacia el resto de los fenómenos. Con el tiempo, y al igual que ocurre con el mindfulness y la compasión, no hace falta practicar la ecuanimidad, sino que se instala de forma natural en nuestro continuo mental.

b) Ecuanimidad hacia las personas

Otro aspecto importante de la ecuanimidad es que se dirige hacia los seres vivos, en general, y hacia los seres humanos, en particular, sin las clasificaciones que utilizamos habitualmente, como «amigos», «enemigos o personas difíciles» e «indiferentes o extraños». En el desarrollo evolutivo, hemos priorizado nuestro grupo familiar o tribal por cuestiones de supervivencia, pero no es necesario en la actualidad. La idea es considerar a todos los seres iguales respecto a su derecho a disfrutar de la felicidad y a evitar el sufrimiento (Tsering, 2006). Hoy en día, consideramos que solo deben ser felices aquellos que nos caen bien («amigos»), mientras que los que nos caen mal («enemigos») no serían dignos de ese beneficio. Aunque, al principio, conectar con esta actitud supone un gran esfuerzo, con el tiempo y mediante el entrenamiento, todas las emociones inconmensurables se experimentan sin esfuerzo (Thrangu Rinpoche, 2002).

Autores como Thich Nhat Hanh dicen que la ecuanimidad es como subir a la cima de una montaña para poder contemplar todo el paisaje con perspectiva. Esa perspectiva es la profunda comprensión de la interrelación entre todos los seres que vivimos en este mundo y de que las relaciones que mantenemos entre nosotros (amigos, enemigos, indiferentes) son relativas e impermanentes, por lo que nunca podremos volver a considerar que esas categorías sean estables o ciertas. En la tradición, la ecuanimidad se representa mediante una imagen del Buda que tiene sentado en la pierna izquierda a un

Ecuanimidad (upekkhā)   203

enemigo que, con cara de odio, le clava un cuchillo para matarlo; y en la pierna derecha tiene sentado a un amigo que le está abrazando en señal de respeto e intenso cariño. El Buda mira a ambos seres con la misma compasión infinita, porque puede ver más allá de las apariencias y de los condicionamientos del momento.

Uno de los razonamientos para desarrollar ecuanimidad es pensar lo siguiente:

- Que los seres queridos, con quienes nos encariñamos y nos producen gran sufrimiento por separación, constituyen la mayor dificultad para el desarrollo del camino espiritual. Ellos son la causa de que nos apeguemos a este mundo.
- Que, por el contrario, los enemigos, los que nos desafían y nos hacen sufrir, nos ayudan a darnos cuenta del sufrimiento de esta existencia y de lo absurdo de aferrarnos a ella. Se dice que los enemigos son nuestros mejores maestros y que deberíamos «cuidarlos» como oro en paño.

La ecuanimidad es una de las piedras angulares de la meditación y facilita el cultivo de la paz espiritual y la confianza en nuestro propio ser. Aunque la mayoría de las personas se ven impulsadas por sus emociones y arrastradas de un lado a otro por las circunstancias variables de la vida, debemos permanecer absolutamente firmes.

Características de la ecuanimidad

Se dice que la ecuanimidad va asociada a las tres siguientes características:

1. No discriminación: es el concepto clave, la ausencia de sesgo. En la tradición tibetana, la preferencia por una cosa respecto a otra se denomina «la cuña». Y la meditación avanzada está dirigida a detectar en cualquier actividad esta cuña hasta que podamos abandonarla completamente. Eso sería la ecuanimidad.
2. Serenidad y calma: eliminar la cuña y evitar las preferencias produce que no deseemos lo que nos gusta ni tratemos de evitar lo que no nos gusta. Este proceso es la base de nuestra ansiedad y nuestras aflicciones. Erradicada la preferencia, solo puede instalarse una calma estable y serena.
3. Espaciosidad y libertad: nuestras relaciones con los demás seres vivos y objetos del mundo cambian extraordinariamente. Ya no necesitamos depender de ellos o controlarlos, no los usamos para nuestro bienestar. Podemos apreciarlos por lo que son: únicos e irrepetibles, increíblemente vivos y bellos, sea cual sea la relación que tengan con nosotros.

Relación con los otros inconmensurables, con el mindfulness y con la *bodhicitta*

Ya hemos dicho que algunas tradiciones empiezan con la bondad amorosa, mientras que otras empiezan con la ecuanimidad. La ecuanimidad redondea los tres inconmensurable y los lleva a un profundo equilibrio: le quita egocentrismo a la bondad amorosa; insufla paciencia, coraje y ausencia de miedo a la compasión, y evita que la alegría empática caiga en el sentimentalismo.

En la tradición budista, se diferencia entre mindfulness y ecuanimidad. Mindfulness describe la capacidad de permanecer consciente de lo que está ocurriendo en el campo de la experiencia. La ecuanimidad permite un estado equilibrado y sin sesgo que facilita una actitud de no apego y de no resistencia. Es decir, mindfulness consiste en recordar que hay que traer la atención al momento presente, mientras que la ecuanimidad se asocia a baja reactividad ante un entorno cambiante (Rosenberg, 2013). Cuando se inicia uno en el proceso de meditación, en una situación con carga emocional, la ecuanimidad está ausente incluso aunque exista mindfulness. En ese momento, se deben usar otras estrategias para regular la emoción y evitar acciones impulsivas o «maladaptativas». La ecuanimidad, aunque se apoya en mindfulness, se desarrolla mucho tiempo después de este y constituye un resultado inevitable de la práctica meditativa si esta es correcta.

En el budismo tibetano, la ecuanimidad va muy ligada al concepto de *bodhicitta*. Se define como el deseo de alcanzar la iluminación para el beneficio de todos los seres. Es un compromiso de no dejar este mundo hasta que no se hayan liberado todos los seres. Lógicamente, es una aspiración, ya que no resulta realista imaginar que alguna vez se habrán liberado, no solo todos los seres humanos, sino también todos los seres vivos.

Kunu Lama Rimpoche, la persona que transmitió al Dalái Lama *La práctica del bodhisattva* de Shantideva (2014), decía:

> Si quieres ser feliz, desarrolla la *bodhicitta*.
> Si quieres que los demás sean felices, desarrolla la *bodhicitta*.

Ya hemos visto las discusiones en la tradición budista sobre qué debe desarrollarse antes, si la *bodhicitta* o la ecuanimidad, ya que ambas están intrínsecamente ligadas.

Los enemigos de la ecuanimidad

a) El enemigo lejano: la atracción y la repulsión

El enemigo lejano de la ecuanimidad es la atracción y el rechazo a las personas, los objetos y las situaciones. Debido a que la mayoría de los seres humanos siempre quieren estar en otro lugar haciendo otra cosa o ser algún otro, se sienten atraídos fácilmente por objetos o situaciones que consideran que los conducirán a algo mejor y rechazan y quieren alejarse de las personas, objetos o situaciones que no les gustan. El apego y el rechazo hacen que el detonante sensorial más leve, como una visión, un sonido o un aroma, lleve a la persona a perder su claridad de perspectiva y se descubra diciendo y haciendo cosas que no surgen de la sabiduría, sino de una emoción descontrolada.

Los cuatro inconmensurables se dirigen a las personas, nos permiten considerar a los otros como personas libres, dignas y merecedoras del máximo afecto y felicidad, independientemente de cualquier otra circunstancia. El apego cosifica a las personas. Solo las concebimos como instrumento de nuestro placer, como algo que satisface nuestras necesidades y anhelos, ya sean afectivos, económicos o sexuales. Eliminar el apego de nuestras relaciones, sobre todo de las que tenemos con personas que etiquetamos como personas queridas, es el complejo y exigente trabajo de los inconmensurables.

b) El enemigo cercano: la indiferencia estúpida

La ecuanimidad se ha definido a veces como «toma de perspectiva» y como «un sentido de desapego temporal de la experiencia en curso» (Bodhi, 2000). Esa connotación de desapego ha sido interpretada, en ocasiones, como indiferencia o como ausencia de reactividad emocional o incluso de emoción. Cuando una persona es indiferente, no le importa si los demás se sienten felices o tristes. La gente que es indiferente dice cosas como «no es mi problema», «a quién le importa» y «cada cual tiene que ocuparse de sus propios asuntos». Siempre que sus propias necesidades y las de su familia inmediata o amigos se vean satisfechas, a la persona indiferente no le interesa lo que les ocurra a los demás.

Lo que hay en la ecuanimidad es la eliminación del *craving* (deseo/anhelo) y del *clinging* (apego/aferramiento). La confusión entre ambos conceptos es un error frecuente en las ciencias co templativas. Una de las principales diferencias es que en el *craving* (deseo) todavía no has conseguido el objeto de deseo y en el *clinging* (apego) lo tienes y no quieres soltarlo.

En el budismo, se insiste en que la indiferencia implica un cierto nivel de letargia, mientras que en la ecuanimidad existe cuidado y atención. La indiferencia se considera un estado mental dañino o perjudicial producido por la ignorancia (Bodhi, 2000). La ecuanimidad no es un estado de fría indiferencia, sino de imperturbabilidad mental (Thanissaro Bhikkhu, 1996). De hecho, la indiferencia podría considerarse una forma sutil de aversión (Gunaratana, 2002).

Por eso, la ecuanimidad no implica suprimir las emociones o renunciar al tono afectivo de nuestra experiencia vital; lo que elimina es la «personalización», tomarse las cosas como una cuestión personal. Si pasamos por un paso de peatones y un conductor casi nos atropella, ecuánimamente esquivamos el peligro, y la ecuanimidad hace que no surja juicio, crítica u odio hacia el otro, sino perdón, compasión y deseo de que sea feliz.

Permanecer indiferente hacia el sufrimiento o las necesidades de los otros no es ecuanimidad y es contrario a las enseñanzas budistas. Lo que se enseña es a contemplar a todos los seres por igual, considerando que son similares a nosotros en su deseo de obtener felicidad y de estar libres de sufrimiento, independientemente de si los consideramos amigos, enemigos e indiferentes (Dalái Lama, 2001).

También hay que distinguir entre ecuanimidad y tonos sensoriales o *vedanas*. Hay situaciones que siempre nos van a producir placer, como un alimento agradable o una puesta de sol, o displacer, como una enfermedad dolorosa o la pérdida de un ser querido. El problema, lo que produce *dukkha*, no es ese tono sensorial, sino la respuesta. Si ante algo agradable deseamos que se mantenga, que se alargue en el tiempo o vuelva a aparecer en el futuro y nos agarramos a ello, ese «clinging» es el problema. Si ante ese tono displacentero generamos aversión, resistencia o negación, ahí está el problema.

La fatiga por compasión puede convertirse en un problema para las personas nuevas en la meditación y suele acabar en indiferencia. La indiferencia es un obstáculo que, a veces, aqueja a individuos que, supuestamente, están adelantados en su práctica meditativa. Se vuelven indiferentes porque, en lugar de utilizar la meditación para desprenderse de su ego, practican la meditación de manera que solo se interesan por ellos mismos. Aunque están atrapados en la idea de que son «meditadores» que viven en paz y son espiritualmente superiores a los demás, tan solo han dado la espalda al mundo en general.

La ecuanimidad y Victor Frankl

(García Campayo, 2020)

Viktor Frankl fue uno de los pioneros en hablar sobre el sentido de la vida en su libro *El hombre en busca de sentido,* creando así la logoterapia. Él hablaba de que, en cualquier momento de nuestra vida, existen dos ejes:

- **El eje del éxito**: la sensación de que nos va bien o mal en la vida, de éxito o fracaso, sobre todo percibido por la sociedad. Implica reconocimiento social, fortuna, poder, etcétera.
- **El eje del sentido**: es un eje interno, es la sensación de que la vida que llevamos tiene sentido y vale la pena. Es independiente del eje del éxito y está sustentado por nuestros valores y sentido de la vida.

Con frecuencia puede haber una gran discrepancia entre ambos ejes. Por ejemplo, hay personas de gran éxito social y fortuna, como las estrellas de la canción o de la cinematografía, que, en la cúspide de su carrera, se convierten en adictos o cometen suicidio. Por el contrario, hay personas que tienen mala suerte en la vida, en lo económico y laboral, e incluso en las relaciones interpersonales o por pérdidas de seres queridos, pero que son capaces de darle un sentido, de desarrollar resiliencia y resistir con una sonrisa ante las adversidades.

Tener una gran consciencia del eje del sentido es una gran ayuda para la ecuanimidad. Cuando aparezcan las turbulencias de la vida, es decir, cuando el eje del éxito se mueva, si estamos aferrados al eje del sentido, apenas nos afectarán. Esto está relacionado con lo que en algunas escuelas de la tradición budista Vajrayana se denomina «un único sabor»: independientemente de las zozobras del mundo, el meditador está anclado en el único sabor sublime de la búsqueda espiritual.

Cultivar la ecuanimidad mediante la práctica formal

Aunque para algunos autores el camino más claro y directo para desarrollar la ecuanimidad es el cultivo de la atención plena (Pandita, 1995), existen otras prácticas profundas para desarrollar la ecuanimidad, que según Buddhaghosa (2003) son las siguientes:

- *Samatha* o el camino de la concentración: consiste en mantener la concentración en un solo punto en ausencia de vagabundeo mental. Mediante *samatha*, se alcanzan los estados de absorción o *jhanas* ya descritos y que están muy relacionados con los *brahmavihāras*.
- *Vipassana* o el camino de la visión cabal: lleva a estados progresivos de comprensión de la naturaleza condicionada de la experiencia, lo que culmina en una ecuanimidad sostenible hacia todos los fenómenos existentes que rompe el vínculo del *craving*.
- Meditación no dual: los estados más avanzados de la meditación en las tradiciones orientales, no solo en el budismo, sino también en el Vedanta Advaita o el taoísmo, van asociados a la experiencia no dual, a la desaparición de la perspectiva sujeto-objeto.

Existe otro tipo de prácticas que se introducen en las fases iniciales del camino. Son meditaciones analíticas o conceptuales, también denominadas «relativas», que pavimentan la vía para las prácticas no conceptuales.

Pandita (1995) propone cinco vías para el desarrollo de la ecuanimidad:

1. Una actitud afectiva equilibrada hacia todos los seres vivos.
2. Una actitud equilibrada hacia los objetos inanimados.
3. Evitar a las personas con excesivo apego o dependencia a nivel afectivo.
4. Elegir amistades con elevado grado de ecuanimidad, lo cual nos permitirá aprender esta cualidad por imitación.
5. Inclinar siempre la mente hacia el equilibrio afectivo en el día a día mediante la atención plena.

Feldman (2017) afirma que la ecuanimidad descansa en cuatro factores, a saber: 1) aceptar los ocho vientos mundanos, 2) abrazar la impermanencia, 3) asumir la vulnerabilidad universal, es decir, el sufrimiento que produce nuestra relación con los otros seres vivos, y 4) despertar la comprensión.

En la tradición tibetana se dice que la forma de desarrollar la ecuanimidad es siguiendo estos tres pasos:

1. Igualarse uno mismo a los demás en todos los sentidos. Sentir que la importancia de los demás a la hora de llevar a cabo nuestras elecciones y conductas no debe ser inferior a la importancia de nosotros mismos.
2. Ofrecer nuestra felicidad a los demás mientras tomamos su sufrimiento. La práctica está basada en el *tonglen*, que podría traducirse como «dar y tomar».
3. Poner la felicidad de los demás por encima de la nuestra en todas las ocasiones.

Estos pasos no deben forzarse si uno se siente incapaz de realizarlos. El requisito previo es la clara visión de la vacuidad, de que todo es un sueño, y, en consecuencia, el nulo aferramiento a los fenómenos de este mundo.

Aparte de las prácticas descritas en el capítulo 5 sobre las relaciones con el resto de seres humanos, recomendamos las siguientes prácticas para facilitar la ecuanimidad antes de meditar sobre el inconmensurable de la ecuanimidad.

a) Ecuanimidad hacia los fenómenos y circunstancias

1. El mandala de la vida
(Feldman, 2017)

Podemos imaginarnos en una especie de mandala, una representación tibetana del universo en la que se ve la interconexión de todos los seres, en la que nosotros estamos en el centro, rodeados de las personas que nos quieren, de aquellos que nos odian y de innumerables seres con los que no tenemos trato. Nos veríamos a todos nosotros, rodeados de «las cien mil alegrías y sufrimientos» que trae la vida, según la metáfora tibetana. Si miramos al pasado, observamos los millones de causas y condiciones que nos han llevado a nuestro estado actual. La gente que queríamos y hemos perdido, las acciones que hemos realizado y las que no hicimos, las subidas y bajadas de la vida. La ecuanimidad es cómo reaccionamos a todo esto, es conectar con la vulnerabilidad que producen la vejez, la enfermedad y la muerte. Comprendemos el profundo deseo de todos los seres de estar felices y libres de sufrimiento, y atisbamos los millones de mandalas del resto de seres vivos y cómo interaccionan continuamente con el nuestro, produciendo a veces felicidad y a veces sufrimiento. Y sentimos que el apego y el rechazo son la causa del mandala y que la ecuanimidad equilibraría todas esas interacciones.

El Buda lo afirma así en el *Jata Sutra*:

> Una maraña en el interior
> y una maraña en el exterior.
> Las personas están atrapadas en una maraña:
> «Gotama –te pregunto–,
> ¿Quién puede desenmarañar la maraña?».
> (El Buda respondió): «Una persona establecida en la virtud,
> que desarrolle discernimiento y atención
> ardientes y claros.
> Ellos pueden desenmarañar la maraña.
> Aquellos cuyo apego, aversión e ignorancia
> se han difuminado.
> Para ellos, la maraña está desenmarañada».

2. Los ocho vientos mundanos

En la tradición budista, se habla de los ocho vientos mundanos, como son descritos en el *Lokavipatti Sutta* («las fallas del mundo»):

> Monjes, hay ocho condiciones mundanas que giran según el mundo, y el mundo gira según estas ocho condiciones mundanas. ¿Cuáles ocho? Ganancia y pérdida, éxito y fracaso, alabanza y crítica, placer y dolor. Estas son las ocho condiciones mundanas que giran según el mundo y el mundo gira según estas ocho condiciones mundanas [...].
> La persona no instruida acoge la ganancia y se rebela contra la pérdida, acoge el éxito y se rebela contra el fracaso, acoge la alabanza y se rebela contra la crítica, acoge el placer y se rebela contra el

dolor. Como está así ocupado en dar la bienvenida y rebelarse, no está liberado del nacimiento, la vejez o la muerte; no está libre de penas, lamentaciones, dolores, angustias o desesperanzas. Él no está liberado del sufrimiento.

La práctica consiste en revisar nuestra vida por décadas desde el nacimiento y revisar los acontecimientos que mayor ganancia/pérdida, éxito/fracaso, alabanza/crítica, placer/dolor nos produjeron. Observar la inmensa energía perdida en ellos, bien sea por aferrarse a lo positivo, con el consiguiente miedo a perderlo, bien por el rechazo de lo negativo, con el subsiguiente deseo de que desaparezca. La impermanencia acaba tarde o temprano con todos estos fenómenos, y comprendemos que solo la ecuanimidad puede librarnos de tamaño sufrimiento.

Una famosa anécdota zen nos muestra qué es la ecuanimidad:

Un discípulo le preguntó a un maestro:
–¿Cuál es el secreto de tu felicidad?
–Completa y absoluta cooperación con lo inevitable –le respondió este.

3. La impermanencia

El Buda decía que: «Igual que las huellas de todos los animales caben en la huella del elefante, así también todas mis enseñanzas se resumen en la de la impermanencia». Constituye una de las tres marcas de la existencia, según el budismo; pero sobre ella se estructuran las otras dos: es la base última del sufrimiento inevitable que experimentamos los seres humanos y explica la ausencia de un yo tal y como lo percibimos. Como reza el dicho tibetano:

Todo lo que se acumula se dispersará.
Todo lo que se construye se destruirá.
Todo lo que se une se separará.
Todo lo que nace morirá.

Hacerse consciente de la impermanencia permite que cualquier conflicto o preocupación pierdan su sentido y que nos focalicemos en lo único importante: practicar. Por eso, la última recitación de cada día que se realiza en los monasterios zen reza así:

Oídme, practicantes del Dharma,
la vida y la muerte es el asunto esencial.
El tiempo pasa raudo como una flecha.
A vosotros que buscáis la Vía,
humildemente os digo:
tomad conciencia del instante presente.

Rosenberg (2013) relata la conocida metáfora de la impermanencia que utilizaba el famoso maestro theravada tailandés Ajahn Chaa. Cuando sujetaba una taza de té delante de sus estudiantes, les enseñaba que la mejor manera de relacionarse con esa taza y con todos los objetos era tratarla como si ya estuviese rota. Había que cuidarla y usarla, pero sin ningún apego hacia ella. La misma actitud habría que tener con las personas: cuidarlas y ayudarlas a que sean felices en todo lo que podamos, pero sin ningún apego hacia ellas ni expectativa de resultado. Porque la impermanencia produce que, inevitablemente, seres y objetos surjan, existan durante un breve tiempo y desaparezcan.

La impermanancia también se aplicaría, exactamente igual, a las personas. Así, existe una famosa anécdota del Buda con su primo Devadatta que muestra este aspecto:

> Buda tenía un primo, Devadatta, que le tenía una gran envidia y que quiso matarlo varias veces. En una ocasión, mientras Buda paseaba por un camino, Devadatta le arrojó una gran roca desde lo alto de una montaña y estuvo a punto de acabar con su vida. Buda permaneció impasible, con una sonrisa en los labios.
> Algunos días después coincidieron ambos por el pueblo, y Buda le saludó afectuosamente. Devadatta le preguntó, con asombro, si no estaba enfadado.
> –No, claro que no –contestó Buda–. ¿Por qué iba a estarlo? Ni tú eres ya quien arrojó la roca, ni yo soy ya el que estaba allí cuando la lanzaste. Para el que sabe ver, todo es transitorio. Para el que sabe amar, todo se puede perdonar.

4. La comprensión
(Shonin y cols., 2019)

La ecuanimidad también surge de la comprensión de que, si bien ciertas personas y situaciones pueden ser cambiadas, otras no. La esencia de esta sabiduría es capturada por la oración de la serenidad que recogemos seguidamente. La oración de la serenidad es una hermosa contemplación escrita por el teólogo estadounidense Reinhold Niebuhr. Si podemos tener presente el significado de esta oración, ello facilitará, sin duda, el cultivo de la ecuanimidad:

> Señor, concédeme serenidad para aceptar todo lo que no puedo cambiar,
> fortaleza para cambiar lo que soy capaz de cambiar
> y sabiduría para entender la diferencia.

Todo esto facilitará la ausencia de apego y rechazo. Como dice el Buda en un texto del *Udāna Sutra*, titulado «En busca de la ecuanimidad»:

> Para alguien que se apega, el movimiento existe.
> Pero para alguien que no se apega,
> no existe el movimiento.
> Cuando no hay movimiento, hay quietud.
> Cuando hay quietud no hay aferramiento.
> Cuando no hay aferramiento, no se va ni se viene.
> Cuando no se va ni se viene, no hay nacimiento ni muerte.
> No hay este mundo, ni un mundo más allá, ni un estado intermedio.
> Es, verdaderamente, el final del sufrimiento.

b) Ecuanimidad hacia las personas

En el capítulo 5 tratamos a fondo prácticas previas para superar la gran dificultad que es tratar a amigos, enemigos y neutros por igual. Allí se daban algunas claves previas que serán muy útiles. Además, deberíamos tener en cuenta lo siguiente:

1. Los demás seres son como yo
(Dalái Lama, 2017)
Se trata de reflexionar sobre la verdad obvia y sencilla de que los demás seres son exactamente iguales que yo.

Adoptamos la postura de meditación habitual y tomamos consciencia del cuerpo. Posteriormente, centramos la atención en la respiración durante algunos segundos. Traemos a nuestra mente a personas importantes de nuestra vida, tanto amigos como enemigos, así como indiferentes, y pensamos que ellos también…

a) Quieren ser felices, estar bien y libres de sufrimiento.
b) Se encuentran perdidos en reacciones autocentradas, ligadas a su estrecha visión del mundo que categoriza el mundo en «yo» y «los otros».
c) Tienen una capacidad innata e ilimitada de bondad que está oscurecida por sus reacciones autocentradas.

Nos mantenemos unos minutos pensando en estas razones hasta que sentimos que disminuye esa separación que se extiende entre nosotros y los demás. Progresivamente, volvemos a dirigir nuestra atención a la respiración y al cuerpo; luego podemos finalizar la meditación.

Esta práctica puede hacerse mucho más personalizada: elegimos primero a un amigo y sentimos el amor que le tenemos y cómo disfrutamos con él. A veces, puede mostrar enfado o ira hacia nosotros, pero da igual, asumimos que simplemente tiene un mal día. Seamos conscientes del apego, que se manifiesta en el deseo de que no nos abandone, de que siempre estemos juntos. Si te preguntas por qué lo quieres tanto, te responderás que es por una serie de causas y condiciones que surgieron entre vosotros. Pero hace quizá veinte años no teníais relación, y quizá dentro de veinte, tampoco. Posteriormente, elegimos a alguien neutro, quizá la cajera del supermercado. ¿Por qué la felicidad de esta persona no cuenta para ti? ¿No es tan real como nuestros seres queridos? Lo único que ocurre es que no ha hecho nada agradable hacia ti, ni tampoco desagradable. Sin embargo, no han existido las causas y condiciones que se dieron con tu amigo. Para finalizar, trae a tu mente a un enemigo. Observa las razones por las que te cae mal; hay causas y condiciones que lo han producido. Hace veinte años seguramente no le conocías, y es posible que en veinte años se te haya olvidado. ¿Por qué dejarte dominar por el odio? Comprueba que lo único que diferencia a las tres personas son las causas y condiciones que te han relacionado con ellas.

2. La metáfora tibetana del palo
(Shantideva, 2014)
Este místico hindú del siglo VIII nos pregunta que si alguien nos golpease con un palo, ¿con quién nos enfadaríamos, con el palo, que es el que en última instancia nos ha golpeado, o con la persona que lo maneja? Obviamente, todos vamos a responder que con la persona, ya que es ella quien maneja el palo. Shantideva nos invita a reflexionar argumentando que lo mismo pasa con la persona, que es un autómata manejado por la emoción del odio. Por tanto, con quien deberíamos enfadarnos no es con las personas, sino con sus emociones, o con las ideas que fomentan esas emociones. Insiste en separar a la persona de su comportamiento, en no juzgarla globalmente por su conducta. Una persona crece y cambia, y puede dejar de funcionar de una manera agresiva; igual que alguien que es manso, ante determinadas causas y condiciones, podría convertirse en un asesino.

3. Aceptar el sufrimiento de los seres queridos sin contagiarse
Este es, seguramente, el aspecto más difícil de la ecuanimidad. Una plegaria que puede ayudarnos a desarrollar este aspecto es la siguiente:

> La vida es un juego de alegría y sufrimiento,
> que pueda permanecer impasible ante las subidas y bajadas de la vida.
> Te cuidaré profundamente,
> pero tú eres el padre de tus actos y de sus frutos, y,
> tristemente, no puedo protegerte del sufrimiento.

Asumir que cada ser vivo construye por sí mismo su destino facilita aceptar que, por mucho que le queramos y aunque sea nuestro hijo, no podemos evitar su sufrimiento secundario, solo él puede hacerlo. El sufrimiento primario, el ligado a la impermanencia (vejez, enfermedad y muerte), no puede ser evitado.

Práctica informal de la ecuanimidad

Igual que hemos hecho con la práctica formal, deberíamos distinguir dos objetos de ecuanimidad: los fenómenos y circunstancias, por un lado, y las personas, por el otro.

a) Ecuanimidad hacia los fenómenos y circunstancias

Una de las mejores formas de practicar la ecuanimidad en todo momento consiste en hacerse consciente de lo siguiente:

- Nuestro diálogo interno: los temas que surgen de manera espontánea en la mente y los lugares a donde ella va describen nuestros apegos y rechazos, por lo que nos darán una idea sobre los temas que debemos trabajar.
- Nuestros valores: los valores son para actuar basándonos en ellos, pero no para juzgar. A menudo criticamos o consideramos inadecuadas a aquellas personas que no tienen nuestros valores.
- Nuestras preferencias de cualquier tipo sobre algún aspecto de la vida: donde existe una preferencia por algo, no existe ecuanimidad.
- La pérdida y ganancia y los otros ocho vientos mundanos:

observando nuestra reacción, en el día a día, a estas ocho circunstancias, esto nos informará sobre nuestra ecuanimidad.

b) Ecuanimidad hacia las personas

Preferencias por personas: igual que sentimos preferencia por ciertas situaciones o resultados, también mostramos aversión o apego a las personas. Una marca de la ecuanimidad es tratar a todo el mundo por igual, independientemente de su relación con nosotros.

Importancia personal: un gran indicador de ecuanimidad es que nada de lo que ocurre en el mundo ni ningún acto de otra persona nos lo tomamos personalmente; no lo interpretamos en relación con nosotros, sino que entendemos que es inevitable, que tenía que ser así. No hay culpables. La mayor parte de la gente piensa que, si alguien nos perjudica, lo hace para fastidiarnos. Alguien ecuánime comprende que esa persona no actúa para hacernos daño, sino porque, debido a sus circunstancias, no puede actuar de otra forma.

**La práctica del *brahmavihāra*
de la ecuanimidad**

(Buddhagosha, 2016; Thera, 1958;
Feldman, 2017; Wallace, 2018;
Ayya Khema, 2022)

Tenemos en cuenta todo lo que hemos descrito al desarrollar la práctica general de los otros inconmensurables.

1. Nivel uno: meditación discursiva sobre la ecuanimidad y sus enemigos
(10-15 minutos)

a) Reflexión sobre la ecuanimidad

Es un estado mental que no está sesgado por ninguna preferencia. Permite estar atento a la experiencia, independientemente de que esta produzca placer, dolor o sea neutra, sin generar apego, rechazo ni indiferencia. A menudo, el motor de nuestras acciones es buscar compulsivamente lo que nos gusta y evitar lo que no nos gusta. La ecuanimidad permite no buscar ni rechazar nada, desapegarse de la experiencia y del resultado de nuestras acciones. La ecuanimidad es el paso previo a la no dualidad. Nos da estabilidad frente a las fluctuaciones de la fortuna mundana: ganancia y pérdida, éxito y fracaso, alabanza y crítica, placer y dolor. Es nuestro mejor amigo, porque es la evitación del sufrimiento, ya que el sufrimiento no se produce por la experiencia, sino por nuestra reacción a la experiencia. Constituye el grado máximo de la aceptación.

La ecuanimidad también permite romper las categorías con que etiquetamos a las personas según cómo nos traten: amigos, enemigos y neutros. Permite ver cómo sus acciones están influenciadas por su karma y les producen sufrimiento, generando en nosotros compasión. Y nos permite conectar con lo sagrado que existe en todo ser humano, en todo ser vivo. La ecuanimidad se representa por una imagen del Buda que tiene sentadas a dos personas, una en cada pierna: una de ellas le intenta matar con un cuchillo, y la otra le da un abrazo amoroso. El Buda mira a ambos con el mismo amor y compasión. Podemos usar esta imagen para representárnosla.

b) Reflexión sobre el enemigo lejano:
atracción y repulsión

Las cosas y situaciones, como la comida, el sexo, el éxito o cualquier otro placer, nos gustan o nos desagradan, por lo que nos generan aferramiento o repulsión. Esto no quiere decir que no podamos disfrutar de todo lo que experimentemos, podemos hacerlo. Pero debemos saber que, si nos aferramos a ello, el sufrimiento está asegurado, porque, debido a la impermanencia, se acabará y tendremos que separarnos de ello. Podemos disfrutar de todo, pero sin apegarnos, sabiendo que tal vez esa experiencia nunca más se volverá a repetir.

Lo mismo debemos hacer con las personas: disfrutar de su amor y amistad, pero sabiendo que todo es impermanente y que tendremos que separarnos. Respecto al hecho de que nos agraden o desagraden, debemos asumir que es nuestra visión sesgada la que genera estas etiquetas. Tanto unos como otros tienen amigos y enemigos.

c) Enemigo cercano: la apatía e indiferencia

La ecuanimidad no implica letargo, desinterés o falta de atención. No es ser indiferente a la vida, ni al sufrimiento o a las necesidades de otras personas. Deseamos la felicidad de todos los seres, aunque seamos conscientes de que los seres son dueños de su karma y que su felicidad no depende de nosotros. Nos alegramos de poder acompañarlos y mostrarles las herramientas que disminuyen el sufrimiento si ellos desean que sea así.

2. Nivel dos: meditación mediante el uso de palabras
(20-30 minutos)

a) Usar el nombre de *upekkhā*/ecuanimidad

Podemos repetirnos a nosotros mismos la palabra «*upekkhā*» o su traducción en nuestro idioma materno, y repetirla periódicamente: «ecuanimidad». No como un mantra, sino, de vez en cuando, para conectar con la emoción. Junto al nombre, podemos pensar en las cualidades de la emoción: no verse afectado por las circunstancias cambiantes de la vida; no catalogar a las personas en amigos, enemigos y neutros; centrarse en el sabor espiritual y no en el sabor de la vida; conectar con lo que en la tradición espiritual se denomina «un único sabor».

Esta parte de la práctica podría durar unos 5 minutos.

b) Usar las frases de ecuanimidad

En la segunda parte de este nivel, usaremos una frase que resume la cualidad y que repetiremos varias veces. Ya sabemos que las frases que se utilizan para generar los *brahmavihāras* es mejor que sean cortas y sencillas, para no intelectualizar y dar pie al diálogo interno, y que las repeticiones deben ser de tres o máximo cuatro frases. Incluiremos algunos ejemplos de estas sentencias, pero, en principio, deben ser generadas por cada uno. Realizamos esta parte siguiendo la estructura tradicional: a) uno mismo, b) personas queridas y amigos, c) personas neutras, d) personas difíciles, y e) todos los seres.

- **Uno mismo**

El primer objeto de ecuanimidad es uno mismo. A continuación, incluimos algunas frases que pueden ser usadas:

a) En relación con la ecuanimidad hacia los objetos y situaciones (pensando en buscar el sabor espiritual no el sabor de la vida, el «único sabor» de la práctica):
  - ¡Que pueda abrazar el cambio con tranquilidad y calma!
  - ¡Que pueda aceptar profundamente cada momento tal como es!
  - ¡Que pueda vivir en la incertidumbre y en la falta de control!
  - ¡Que pueda estar libre de preferencia ante cualquier circunstancia!

b) En relación con la ecuanimidad respecto a las personas:
  - ¡Que pueda apreciar por igual a todos los seres, independientemente de su conducta hacia mí!
  - ¡Que pueda estar libre del apego y del odio, de considerar a unos seres cercanos y a otros distantes!
  - ¡Que pueda estar libre de sesgo o preferencia hacia los seres vivos!

Nos mantenemos 5 minutos en esta sección.

- **Personas queridas y amigos**

Aquí podemos traer a nuestra mente a familiares, amigos, benefactores, o a cualquier persona que sintamos que amamos y nos quiere. En la ecuanimidad, no es tan importante traer representantes de cada tipo, sino que podamos visualizar amigos/personas queridas con diferente intensidad, porque vamos a igualarlas. Con las personas queridas, debemos ser conscientes de nuestro apego hacia ellas y desear que se torne en ecuanimidad. Las frases serían las mismas que las empleadas para uno mismo, pero ampliando la diana:

a) En relación con la ecuanimidad hacia los objetos y situaciones:
- ¡Que mis seres queridos puedan abrazar el cambio con tranquilidad y calma!
- ¡Que mis seres queridos puedan aceptar profundamente cada momento tal como es!
- ¡Que mis seres queridos puedan vivir en la incertidumbre y en la falta de control!

b) En relación con la ecuanimidad respecto a las personas:
- ¡Que mis seres queridos puedan apreciar por igual a todos los seres, independientemente de su conducta hacia ellos!
- ¡Que mis seres queridos puedan estar libres del apego y del odio, de considerar a unos seres cercanos y a otros distantes!

Nos mantenemos 5 minutos en esta sección.

• Personas neutras

Esta sección se realiza exactamente igual que la de los amigos. No suele plantear ningún problema. La duración suele ser más breve que la anterior. Con las personas neutras, debemos ser conscientes de nuestra indiferencia hacia ellas y desear que se torne en ecuanimidad. Las frases serían las mismas que las empleadas para los seres queridos:

a) En relación con la ecuanimidad hacia los objetos y situaciones:
- ¡Que las personas que me son neutras puedan abrazar el cambio con tranquilidad y calma!

- ¡Que las personas que me son neutras puedan aceptar profundamente cada momento tal como es!
- ¡Que las personas que me son neutras puedan vivir en la incertidumbre y en la falta de control!

b) En relación con la ecuanimidad respecto a las personas:
- ¡Que las personas que me son neutras puedan apreciar por igual a todos los seres, sin importar su conducta hacia ellos!
- ¡Que las personas que me son neutras puedan estar libres del apego y del odio, de considerar a unos seres cercanos y a otros distantes!

Nos mantenemos 5 minutos en esta sección.

• Personas difíciles

Suele resultar la sección más difícil, pero la ecuanimidad con ellos suele resultar más fácil que la bondad amorosa o la compasión. Con las personas difíciles o enemigos, debemos ser conscientes de nuestro odio o aversión hacia ellos y desear que se torne en ecuanimidad. Las frases serían las mismas que las empleadas en las dos secciones anteriores:

a) En relación con la ecuanimidad hacia los objetos y situaciones:
- ¡Que mis enemigos puedan abrazar el cambio con tranquilidad y calma!
- ¡Que mis enemigos puedan aceptar profundamente cada momento tal como es!
- ¡Que mis enemigos puedan vivir en la incertidumbre y en la falta de control!

b) En relación con la ecuanimidad respecto a las personas:
- ¡Que mis enemigos puedan apreciar por igual a todos los seres, independientemente de su conducta hacia ellos!
- ¡Que mis enemigos puedan estar libres del apego y del odio, de considerar a unos seres cercanos y a otros distantes!

Nos mantenemos 5 minutos en esta sección.

• Todos los seres

Aquí expandiríamos el deseo de ecuanimidad a todos los seres humanos, en particular, y a todos los seres vivos, en general. Las frases son las mismas y se generalizan:

a) En relación con la ecuanimidad hacia los objetos y situaciones:
- ¡Que todos los seres puedan abrazar el cambio con tranquilidad y calma!
- ¡Que todos los seres puedan aceptar profundamente cada momento tal como es!
- ¡Que todos los seres puedan vivir en la incertidumbre y en la falta de control!

b) En relación con la ecuanimidad respecto a las personas:
- ¡Que todos los seres puedan apreciar por igual a todos los seres, independientemente de su conducta hacia ellos!
- ¡Que todos los seres puedan estar libres del apego y del odio, de considerar a unos seres cercanos y a otros distantes!

De nuevo, en esta sección, permaneceríamos unos 5 minutos.

Si usamos la ecuanimidad para alcanzar *jhanas*, tenemos que estar como mínimo 30 minutos para que tengamos posibilidades de llegar a la concentración de acceso.

3. Nivel 3: usar imágenes visuales
(5-10 minutos)

Al pasar a esta sección, mucho menos racional y más profunda, debemos conectar con la espaciosidad de la mente, con la sensación de que es ilimitada, de que se extiende por todas las direcciones sin fin. Sobre esa mente tridimensional e ilimitada, realizamos la visualización. La visualización debe poseer las características clásicas: 1) ocupar todo el espacio de la mente; 2) tridimensional; 3) en color y translúcida, y 4) multisensorial.

La imágen más asociada a la ecuanimidad consiste en vernos a nosotros mismos o al Buda teniendo sentados en las piernas a dos personas: un enemigo que nos quiere matar con un cuchillo, y un amigo que nos abraza. El Buda o nosotros miramos a ambos con el mismo cariño, como seres que sufren, no por cómo nos traten a nosotros. La imagen se mantiene en la mente hasta que surge la emoción de ecuanimidad.

Otras dos imágenes asociadas a la ecuanimidad son arquetípicas, a saber:
- Estar en la cima de la montaña más elevada y ver el mundo desde allí, los países y las ciudades, así como a los seres humanos realizando sus actividades con apego y rechazo, hasta que mueren.

– Permanecer sentados en el centro del universo, observando el surgimiento y desaparición de los planetas, así como, dentro de ellos, las diferentes civilizaciones que han existido. En cada una de ellas, vemos a los seres humanos realizando sus actividades con apego y rechazo, hasta que mueren.

En ambos casos, la perspectiva que produce estar fuera de nuestro mundo genera la sensación de ecuanimidad, la comprensión de que no hay buenos ni malos, amigos ni enemigos, sino solo sufrimiento e impermanencia.

4. Nivel cuatro: irradiación sin pensamiento discursivo ni imágenes visuales
(Desde un mínimo de 10 minutos, hasta que queramos o se alcance el estado de *jhana*)

En esta fase, debemos ir hacia un estado sin esfuerzo; por tanto, no debe existir una visualización voluntaria, que requiera esfuerzo mantenerla, y mucho menos repetición de frases o pensamientos. Como absorción, debería desaparecer el diálogo interno y quedarnos «absorbidos» por la sublime emoción de la ecuanimidad.

La visualización sencilla y con un mínimo esfuerzo que se recomienda es sentir una luz del color que deseemos (rojo, amarillo, naranja, blanco) que surge de nuestro corazón y se extiende sin obstrucción a los demás seres. La irradiación se realiza en todas las direcciones y a todos los seres, sin distinción y con la misma intensidad. Como apoyo a la sensación de irradiación, podemos imaginar que emitimos un sonido suave, agradable, vibrante, monocorde, que lo inunda todo, junto a la luz y la emoción que generamos. Tanto la luz como el sonido se van generando progresivamente, sin esfuerzo, como si descorriésemos una cortina que tapaba la luz del sol y, de forma natural, se dispersa por todo.

La atención la situamos en la ecuanimidad, en el deseo de que todos los seres puedan abrazar el cambio con tranquilidad y calma, y que puedan apreciar por igual a todos los seres. La sensación de bienestar es muy corporal y lo inunda todo, mezclándose con la admiración por la belleza de todo el proceso. Tenemos en cuenta también otros aspectos, como: 1) la espaciosidad de la mente; 2) no se requiere ningún esfuerzo, y 3) no existe objeto ni sujeto.

Una vez que se ha generado la emoción, no hace falta usar las frases o las imágenes. Solo se reactivan cuando se nota que la emoción decae. Cuando volvamos a sentir la emoción, dejaremos de repetir frases o de generar las imágenes de la fase previa. Mientras generamos la emoción de ecuanimidad, no debemos preocuparnos de nada más. Mantenemos este estado todo el tiempo que deseemos.

11. Los *brahmavihāras* en los *sutras*

> Cualquier tipo de estado beneficioso que pueda existir
> está arraigado en la diligencia, converge en la diligencia
> y la diligencia está considerada la mejor de todos ellos.
>
> BUDA, *Anguttara Nikāya* X,15

Existen varias menciones a los *brahmavihāras* en los *sutras*. Incluiremos las dos principales en nuestra opinión.

Sutra sobre los *brahmavihāras* en general

El Tevijjasutta o Sutra del Triple Conocimiento (*Digha Nikāya* 13, 4). Lo incluimos de forma resumida.

En el tiempo en que Buda estaba en la villa de Manasakata, se detuvo en un bosque de mangos a la orilla del río Acharavati. En esa época, muchos brahmanes nobles y ricos vivían en esa localidad. Cada uno, de forma individual, seguía las enseñanzas de los *Vedas*. Dos brahmanes jóvenes, Vāseṭṭha y Bhāradvāja, mantenían una discusión sobre cuál de los caminos conocidos de Brahma conducía a la comprensión de la Verdad y a la unión con Brahma tras la muerte. Decidieron resolver su disputa con la ayuda del ermitaño Gautama. Se le acercaron y le hicieron esa pregunta.

El Buda les contestó:

Cuando un mendicante seguidor de la ética medita [...] comprendiendo que todos los obstáculos han desaparecido en él, la alegría surge. Estando alegre, el éxtasis surge. Cuando la mente se encuentra extasiada, el cuerpo está tranquilo. Cuando el cuerpo está tranquilo, aparece la felicidad. Y cuando surge la felicidad, la mente está concentrada.

Él medita con el corazón lleno de amor esparciendo ese sentimiento en una dirección, luego en una segunda dirección, en una tercera y en la cuarta. De la misma forma irradia ese amor arriba, a través de todas partes, en todo el espacio a su alrededor, esparciendo ese corazón lleno de amor al mundo entero, abundante, expansivo, sin límites, libre de enemistad y malos deseos.

Imagínate que hubiese una persona que soplase el cuerno (como instrumento musical) de forma poderosa. Sería fácilmente oído en las cuatro direcciones. De la misma forma, cuando el corazón libera todo el amor que ha sido desarrollado de esta forma, cualquier semilla limitada que se haya generado en la vida no permanece ni persiste. Este es el camino mediante el que se acompaña a Brahma.

De la misma forma, un mendicante medita con el corazón lleno de compasión esparciendo ese sentimiento en una dirección [...] (se repiten los dos párrafos previos).

De la misma forma, un mendicante medita con el corazón lleno de alegría esparciendo ese sentimiento en una dirección [...] (se repiten los dos párrafos previos).

De la misma forma, un mendicante medita con el corazón lleno de ecuanimidad esparciendo ese sentimiento en una dirección ... (se repiten los dos párrafos previos).

–¿Qué crees, Vāseṭṭha? ¿Cuando un mendicante medita así, es posesivo o no?

–No. No lo es.

–¿Está su corazón lleno de enemistad o no?

–No, no lo está.

–¿Está su corazón lleno de malos deseos o no?

–No, no lo está.

–¿Está su corazón corrompido o no?

–No, no lo está.

–¿Muestra su poder de esa forma?

–Sí, sí lo hace.

–Así que ese mendicante no es posesivo, como tampoco lo es Brahma. ¿Podría un mendicante, que no es posesivo, llegar a unirse y converger con Brahma, que no es posesivo?

–Sí, Maestro Gotama.

–¡Bien, Vāseṭṭha! ¿Es posible que ese mendicante, que no es posesivo, cuando el cuerpo se desintegre, después de la muerte, pudiese renacer en compañía de Brahma, que no es posesivo? Parece que el mendicante no tiene enemistad ni malos deseos, ni corrupción, y esgrime su poder, como que es igual en todos estos aspectos. ¿Podría un mendicante que es igual que Brahma en todos los aspectos unirse y converger con él?

–Sí, Maestro Gotama.

–¡Bien, Vāseṭṭha! ¿Es posible que ese mendicante pueda, cuando el cuerpo se descomponga, después de la muerte, renacer en compañía de Brahma?

Cuando así hubo hablado, Vāseṭṭha y Bhāradvāja le dijeron:

—¡Excelente, Maestro Gotama! ¡Excelente! Como si hubieses enderezado un objeto deformado, o revelado lo oculto, o enseñado el camino a los desorientados, o encendido una lámpara en la oscuridad para que los ojos puedan observar lo que hay, así, Maestro Gotama, has clarificado la enseñanza de muchas formas. Queremos tomar refugio en el Maestro Gotama, en las enseñanzas y en la *sangha* de mendicantes. Que desde este día en adelante puedas recordarnos, Maestro Gotama, como seguidores laicos que han tomado refugio de por vida.

Es interesante saber que el Buda describe el estado de Brahma en tres partes distintas de los *sutras* y con características ligeramente diferentes. Aparte de en este Tevijja Sutta, también describe el estado de Brahma en el Kevaddha Sutta (*Digha Nikāya* 11) y en el Brahmajala Sutta (*Digha Nikāya* 1). Solo en este Tevijja Sutta, el estado de Brahma se equipara al estado de *arahant*. La razón para las diferencias depende de la audiencia que tiene el Buda en cada momento, a la que adapta la enseñanza. En el Kevadha Sutta, su interlocutor es Kevadha, un seguidor laico con escasa experiencia meditativa, por lo que simplifica la enseñanza. En el Brahmajala Sutta, explica las mayores sutilezas del estado de Brahma a su querido discípulo Ānanda, por lo que la complejidad de la descripción es máxima. Por último, en este Tevijja Sutta, los interlocutores son dos educados e inteligente brahmanes, por lo que no solo describe en profundidad la enseñanza, sino que la relaciona con las enseñanzas brahmánicas. No quiere discutir sobre el nombre y la definición del estado, que podría haber producido controversia, sino solo sobre sus cualidades. Dado que para los brahmanes el estado supremo es la unión con Brahma, describe un estado alcanzable con la meditación que es superponible a las cualidades de Brahma; es decir, se llegaría a ese mismo estado. Por eso, en este *sutra*, el estado de Brahma toma la forma de los *brahmavihāras*.

Sutra sobre *brahmavihāras* específicos: *mettā*

Mettā es el único *brahmavihāra* que tiene un *sutra* propio, el Mettā Sutta. A continuación, lo incluimos según una traducción personal sobre el texto de Feldman (2017).

> Para alcanzar la paz,
> una persona entrenada en la bondad
> debe ser capaz y recta,
> fácil de hablar y directa,
> de naturaleza amable y no orgullosa,
> fácil de contentar y que necesita poco para vivir.
> Con un modo de vida sencillo y con escasas obligaciones,
> sabia y con los sentidos calmados,
> no arrogante y sin ansia de seguidores,
> sin realizar ninguna acción
> reprochable por los sabios.
>
> (Uno debe reflexionar de esta manera):
>
> Que puedan todos los seres ser felices y sentirse seguros.
> Que puedan todos los seres tener la mente en paz.
> Cualquier ser viviente que exista,
> ya sea débil o fuerte,
> alto, bajo o mediano, grande o pequeño,

visible o invisible, cercano o distante,
nacido o por nacer,
que puedan todos ellos, sin excepción, tener su mente en paz.
Sin despreciar a nadie,
ni decepcionar a ninguno,
sin dejar que, por la ira o el odio,
deseemos el sufrimiento de otro.

Como una madre que arriesgaría su propia vida
para proteger a su hijo, a su único hijo,
igual hacia todos los seres debemos
desarrollar un corazón sin límites.
Con amistad inconmensurable hacia todo el mundo,
deberíamos cultivar un corazón inconmensurable,
en todas las direcciones,
sin obstrucción, sin odio y sin deseo,
de pie, caminando, sentados o tumbados,
siempre que estemos despiertos.
Que podamos permanecer en este compromiso.
Esta es denominada la mejor y más sublime forma
de morar en este mundo.

Aquel que es virtuoso, dotado con el conocimiento,
que no se aferra a visiones erróneas,
que ha superado cualquier pasión por los placeres sensuales,
No volverá a nacer de nuevo en un útero.

Esta es una bella forma de explicar este estado.

12. La medición de los *brahmavihāras* en psicología y en investigación

> La meditación es un movimiento sin medida.
> El silencio de la mente no es mensurable.
>
> JIDDU KRISHNAMURTI, charla en Colombo,
> 16 de noviembre de 1980

En este capítulo, analizaremos los diferentes cuestionarios y escalas de medida que se han desarrollado para intentar evaluar cada uno de los cuatro inconmensurables, así como el conjunto de ellos. También reflexionaremos sobre las limitaciones de estas medidas.

Bondad amorosa (BA)

No hay escalas específicas de bondad amorosa, excepto la SOFI (Kraus y Scar, 2009), que evalúa los cuatro inconmensurables simultáneamente, de forma breve, y que analizaremos en la sección de la medición de los cuatro inconmensurables en su conjunto.

Existe una escala que unifica la BA y la compasión intentando medir ambos constructos a la vez; la desarrollaron Hyunju y cols. (2018) entrevistando a monjes budistas. Esta escala consta de 15 ítems y se ha denominado Loving-Kindness Compassion Scale (LCS). Consta de tres factores: 1) compasión, 2) bondad amorosa, y 3) autocentramiento. Correlaciona con conexión social, autocompasión, amor compasivo, empatía y satisfacción con la vida. Posee adecuadas propiedades psicométricas. En nuestra opinión, no aporta demasiado, ya que lo útil es tener escalas específicas de cada cualidad. Por otra parte, existen ya buenas escalas que miden la compasión de forma aislada. De hecho, esta escala apenas se ha usado en investigación. No hay validación española.

Compasión

Se han desarrollado varias escalas de compasión, aunque la más utilizada, con diferencia, es la Self-Compassion Scale (SCS) que describiremos en profundidad. Actualmente, las que más se están utilizando es la escala de Oxford desarrollada por el Grupo de Kuyken en Oxford, la Sussex-Oxford Compassion for Others (SOCS-O) y la Sussex-Oxford Compassion for the Self (SOCS-S).

La primera escala de compasión y la más empleada a nivel internacional con mucha diferencia es la Self-Compassion Scale (SCS) desarrollada por Neff (2003*b*). De hecho, fue el primer instrumento diseñado para medir la compasión o, más específicamente, la autocompasión. Esta escala fue desarrollada basándose en la teoría sobre la compasión de la autora, que se basa en las tres dimensiones de la escala. Por esta razón, Neff se propuso hacer una escala con los tres factores que componen su modelo: mindfulness, humanidad compartida y amabilidad. Sin embargo, al desarrollarla, se dio cuenta de que los dominios positivos y negativos no eran del todo opuestos. Por ejemplo, una alta humanidad compartida no necesariamente implicaba un bajo aislamiento. Por esta razón, estructuró la SCS en seis subescalas, los tres elementos de la compasión y sus constructos opuestos: 1) amabilidad frente a autojuicio, 2) humanidad compartida frente a aislamiento, y 3) mindfulness frente a sobreidentificación.

La SCS consta de 26 ítems tipo Likert que se puntúan de 0 (casi nunca) a 4 (casi siempre), basándose en la frecuencia en que los participantes se sienten de una determinada manera. Esta escala proporciona puntuaciones en cada uno de estos dominios, y se obtiene también una puntuación total al sumar las seis subescalas. La SCS ha mostrado adecuadas características psicométricas: consistencia interna de 0,94 (Neff y cols., 2007) y fiabilidad test-retest de 0,93 (Neff, 2003*a*). También ha mostrado validez convergente con conectividad social e inteligencia emocional, así como validez discriminante con puntuaciones en autocrítica, depresión, deseabilidad social, narcisismo, ansiedad y rumiación (Neff, 2003*b*). Además, muestra buena validez predictiva con indicadores de salud mental, como depresión y ansiedad, y mayor felicidad, optimismo y satisfacción vital (Neff y Vonk, 2009).

Esta escala ha sido validada en población española por nuestro grupo (García-Campayo y cols., 2014), confirmando el modelo original de seis factores y obteniendo adecuada consistencia interna (alfa de Cronbach = 0,87), fiabilidad test-retest (r = 0,92), buena validez convergente, demostrada por su alta correlación con la escala de mindfulness MAAS, y discriminante, ya que es diferente a autoinformes de depresión, ansiedad y otras psicopatologías. No obstante, pese a ser la escala más empleada para medir la compasión, sus propiedades psicométricas son muy discutidas (López y cols., 2015), así como su excesiva influencia por aspectos culturales (Montero-Marín y cols., 2018). De la SCS se han derivado la Self-Compassion Scale-Short Form (Raes y cols., 2011) y la Compassion Scale (Pommier, 2010).

Raes y cols. realizaron una versión corta de la Self-Compassion Scale, la Self-Compassion Scale-Short Form (SCS-SF), con solo 12 ítems. La SCS-SF presenta una adecuada consistencia interna (alfa de Cronbach $\geq 0,86$) y casi perfecta correlación ($r \geq 0,97$) con la forma larga (Raes y cols., 2011). Esta versión corta también ha sido traducida y validada en español por nuestro grupo en el mismo artículo (García-Campayo y cols., 2014), obteniendo adecuadas características psicométricas con un alfa de Cronbach de 0,85 y fiabilidad test-retest de 0,89, elevadas correlaciones con la forma larga y elevadas correlaciones de las subescalas de la versión corta con las subescalas correspondientes de la versión larga. A nivel psicométrico, es más endeble que la versión larga; por eso, los autores sugieren utilizar la versión corta de 12 ítems solo cuando el tiempo de administración sea un factor importante y se desee una puntuación representativa del valor global de compasión. La versión larga debería ser la empleada habitualmente y, sobre todo, cuando se precisa información sobre las dimensiones específicas de la compasión.

Self-compassion scale (SCS) larga (26 ítems)

¿Cómo actúo habitualmente hacia mí mismo en momentos difíciles?

Lea cada frase con atención antes de contestar. A la izquierda de cada frase, indique la frecuencia con que se comporta de la manera indicada, utilizando la siguiente escala:

Casi nunca				Casi siempre
1	2	3	4	5

____ 1. Desapruebo mis propios defectos e incapacidades y soy crítico/a respecto a ellos.

____ 2. Cuando me siento bajo/a de ánimo, tiendo a obsesionarme y a fijarme en todo lo que va mal.

____ 3. Cuando las cosas me van mal, veo las dificultades como parte de lo que a todo el mundo le toca vivir.

____ 4. Cuando pienso en mis deficiencias, tiendo a sentirme más separado/a y aislado/a del resto del mundo.

____ 5. Trato de ser cariñoso/a conmigo mismo/a cuando siento malestar emocional.

____ 6. Cuando fallo en algo importante para mí, me consumen los sentimientos de ineficacia.

____ 7. Cuando estoy desanimado/a y triste, me acuerdo de que hay muchas personas en el mundo que se sienten como yo.

____ 8. Cuando vienen épocas muy difíciles, tiendo a ser duro/a conmigo mismo/a.

___ 9. Cuando algo me disgusta, trato de mantener mis emociones en equilibrio.

___ 10. Cuando me siento incapaz de alguna manera, trato de recordarme que casi todas las personas comparten sentimientos de incapacidad.

___ 11. Soy intolerante e impaciente con aquellos aspectos de mi personalidad que no me gustan.

___ 12. Cuando lo estoy pasando verdaderamente mal, me doy el cuidado y el cariño que necesito.

___ 13. Cuando estoy bajo/a de ánimo, tiendo a pensar que, probablemente, la mayoría de la gente es más feliz que yo.

___ 14. Cuando me sucede algo doloroso, trato de mantener una visión equilibrada de la situación.

___ 15. Trato de ver mis defectos como parte de la condición humana.

___ 16. Cuando veo aspectos de mí mismo/a que no me gustan, me critico continuamente.

___ 17. Cuando fallo en algo importante para mí, trato de ver las cosas con perspectiva.

___ 18. Cuando realmente estoy en apuros, tiendo a pensar que otras personas lo tienen más fácil.

___ 19. Soy amable conmigo mismo/a cuando estoy experimentando sufrimiento.

___ 20. Cuando algo me molesta, me dejo llevar por mis sentimientos.

___ 21. Puedo ser un poco insensible hacia mí mismo/a cuando estoy experimentando sufrimiento.

___ 22. Cuando me siento deprimido/a, trato de observar mis sentimientos con curiosidad y apertura de mente.

___ 23. Soy tolerante con mis propios defectos e imperfecciones o debilidades.

___ 24. Cuando sucede algo doloroso, tiendo a hacer una montaña de un grano de arena.

___ 25. Cuando fallo en algo que es importante para mí, tiendo a sentirme solo en mi fracaso.

___ 26. Trato de ser comprensivo y paciente con aquellos aspectos de mi personalidad que no me gustan.

Clave de corrección:

Autoamabilidad, ítems: 5, 12, 19, 23, 26   Autojuicio, ítems: 1, 8, 11, 16, 21
Humanidad común, ítems: 3, 7, 10, 15   Aislamiento, ítems: 4, 13, 18, 25
Mindfulness, ítems: 9, 14, 17, 22   Sobreidentificación, ítems: 2, 6, 20, 24

Cada subescala se calcula realizando la media de las respuestas a todos los ítems de la subescala. Para calcular el valor total de cada una de las 3 subescalas principales (autocompasión, humanidad común y mindfulness), hay que hacer la media de los ítems de dichas subescalas en forma directa. A esa cifra se le suma la media de los ítems de las subescalas complementarias (de autoamabilidad es autojuicio, de humanidad común es aislamiento y de mindfulness es sobreidentificación), que se calculan de forma inversa (p.ej., 1 = 5, 2 = 4, 3 = 3, 4 = 2, 5 = 1). La media de cada una de las 3 subescalas se calcula, por tanto, haciendo la media de las dos subescalas (la principal y la complementaria), corrigiendo de forma directa la escala principal y de forma inversa la escala complementaria.

Self-compassion scale (SCS) corta (12 ítems)

¿Cómo suelo actuar conmigo mismo/a en momentos difíciles?

Por favor, antes de responder, lea atentamente las siguientes afirmaciones. A la izquierda de cada ítem, indique con qué frecuencia actúa en la forma señalada, empleando la siguiente escala:

Casi nunca				Casi siempre
1	2	3	4	5

___ 1. Cuando fallo en algo importante para mí, me consumen los sentimientos de ineficacia.

___ 2. Trato de ser comprensivo/a y paciente con aquellos aspectos de mi personalidad que no me gustan.

___ 3. Cuando me sucede algo doloroso, trato de mantener una visión equilibrada de la situación.

___ 4. Cuando estoy bajo/a de ánimo, tiendo a pensar que la mayoría de la gente es probablemente más feliz que yo.

___ 5. Trato de ver mis defectos como parte de la condición humana.

___ 6. Cuando lo estoy pasando verdaderamente mal, me doy el cuidado y el cariño que necesito.

___ 7. Cuando algo me disgusta, trato de mantener mis emociones en equilibrio.

___ 8. Cuando fallo en algo que es importante para mí, tiendo a sentirme solo en mi fracaso.

___ 9. Cuando me siento bajo/a de ánimo, tiendo a obsesionarme y fijarme en todo lo que va mal.

___ 10. Cuando me siento incapaz de alguna manera, trato de recordarme que casi todas las personas comparten sentimientos de incapacidad.

___ 11. Desapruebo mis propios defectos e incapacidades, y soy crítico/a respecto a ellos.

___ 12. Soy intolerante e impaciente con aquellos aspectos de mi personalidad que no me gustan.

Clave de corrección:

Autoamabilidad, ítems: 2, 6
Humanidad común, ítems: 5, 10
Mindfulness, ítems: 3, 7

Autojuicio, ítems: 11, 12
Aislamiento, ítems: 4, 8
Sobreidentificación, ítems: 1, 9

Cada subescala se calcula realizando la media de las respuestas a todos los ítems de la subescala. Para calcular el valor total de cada una de las 3 subescalas principales (autocompasión, humanidad común y mindfulness), hay que hacer la media de los ítems de dichas subescalas en forma directa. A esa cifra se le suma la media de los ítems de las subescalas complementarias (de autoamabilidad es autojuicio, de humanidad común es aislamiento y de mindfulness es sobreidentificación), que se calculan de forma inversa (p.ej., 1 = 5, 2 = 4, 3 = 3, 4 = 2, 5 = 1). La media de cada una de las 3 subescalas se calcula, por tanto, haciendo la media de las dos subescalas (la principal y la complementaria), corrigiendo de forma directa la escala principal y de forma inversa la escala complementaria.

Después de la SCS larga, se desarrolló la Compassionate Love Scale (CLS), un instrumento diseñado por Sprecher y Fehr (2005) para medir el amor compasivo. Este concepto es definido por los autores como: «Una actitud hacia los demás, tanto hacia gente cercana como hacia los desconocidos, que contiene sentimientos, cogniciones y conductas dirigidas a cuidar, preocuparse, tener sentimientos de ternura y una orientación hacia el apoyo, la ayuda y la comprensión de los otros». Aunque la conceptualización del amor compasivo pueda parecerse a la autocompasión de Neff, ya que ambas se centran en la amabilidad y el cuidado dirigido al sufrimiento, el concepto de amor compasivo no proviene del budismo. Por ello, no incluye componentes como mindfulness y humanidad compartida, aunque sí evalúa la compasión hacia la humanidad desde una perspectiva más occidental. La CLS tiene dos versiones: una de compasión hacia los próximos, es decir, familiares y amigos más cercanos, y otra de compasión hacia todas las personas, como los amigos lejanos y toda la humanidad en general. La escala contiene 21 ítems que se puntúan en una escala Likert de 7 puntos según lo aplicables que sean hacia uno mismo. Posee elevada consistencia interna (alfa de Cronbach = 0,95) para las dos versiones. Aunque el análisis de componentes muestra que la escala presenta un modelo de tres factores definidos como: 1) amabilidad y cariño, 2) aceptación y comprensión, y 3) ayuda y sacrificio, los autores decidieron presentar la escala como un instrumento unifactorial. La escala CLS correlaciona positivamente con empatía, ayuda, voluntarismo, religiosidad y conducta prosocial (Sprecher y Fehr, 2005). No existe una versión de esta escala validada en español. Su uso en investigación ha sido escaso.

Se quiso desarrollar una forma abreviada de la Compassionate Love Scale, con la intención de tener un instrumento fácilmente administrable en estudios epidemiológicos con grandes muestras. Así, se desarrolló una forma corta que se llamó Santa Clara Brief Compassion Scale (SCBCS) (Hwang y cols., 2008), que contiene solo 5 ítems, por lo que su administración es rápida. La correlación de la SCBS con la CLS es de 0,95 y, a diferencia de esta última, que posee tres factores, la SCBCS es unifactorial. La SCBCS correlaciona positivamente con identidad vocacional, fe y empatía. Las puntuaciones son superiores en las mujeres si se comparan con las de los hombres. Tampoco existe una versión de esta escala validada en español. Se ha empleado más en investigación por su brevedad.

La Compassion Scale (CS) (Pommier, 2010) es una escala basada en la SCS de Neff (2003*a*, 2003*b*) y, por eso, también se estructura en 6 factores constituidos por los tres componentes de la autocompasión y sus opuestos propuestos por Neff. El autor trasladó la estructura teórica de la compasión por uno mismo (autocompasión) a la compasión por los demás. Al margen del esperado solapamiento teórico de ambos instrumentos, la compasión hacia los demás y la autocompasión tienen ciertas diferencias. Mientras que los tres elementos básicos de la autocompasión –amabilidad, humanidad compartida y mindfulness– se mantienen cuando hablamos de compasión hacia los demás, sus constructos opuestos se conceptualizan de manera ligeramente distinta. Como se puede observar en la tabla 2, el constructo opuesto a amabilidad, desde la perspectiva de autocompasión, es autojuicio; en cambio, cuando la perspectiva es hacia los demás, el constructo opuesto a amabilidad se definiría como frialdad, indiferencia y desdén; por eso se ha llamado «indiferencia». En la SCS, la ausencia de conexión o de sentido de humanidad compartida lleva a sentimientos de aislamiento; en cambio, en compasión hacia los demás, produciría sentimientos de separación.

Finalmente, en la SCS, el constructo opuesto a mindfulness se considera que es la sobreidentificación, un tipo de inestabilidad emocional donde el individuo se fusiona con el dolor propio. En el caso de la compasión hacia los demás, el constructo opuesto al factor de mindfulness se llama descentramiento, y consiste en una aversión respecto a las preocupaciones por los demás. Así pues, la CS contiene las siguientes escalas: amabilidad frente a indiferencia, humanidad compartida frente a separación, y mindfulness frente a descentramiento.

En la tabla 2 resumimos los pares de opuestos en las escalas de autocompasión y compasión.

Tabla 2.
Comparación entre las subescalas
de la Self-Compassion Scale y la Compassion Scale

	HACIA UNO MISMO	HACIA LOS DEMÁS
Amabilidad (*Kindness*)	Autojuicio	Indiferencia
Humanidad compartida (*Common humanity*)	Aislamiento	Separación
Mindfulness	Sobreidentificación	Descentramiento

Las respuestas de este instrumento se dan en una escala Likert de 5 puntos (1 = casi nunca, 5 = casi siempre). La CS tiene una apropiada estructura factorial y, al igual que la escala SCS, el conjunto de las subescalas dan lugar a un factor de orden superior, en este caso llamado compasión, que explica las intensas intercorrelaciones entre las subescalas (0,96). La CS ha mostrado validez discriminante con deseabilidad social, reflejando que la escala no mide la necesidad de validación social. Posee validez convergente con amor compasivo, conectividad social, mindfulness, sabiduría y empatía (Pommier, 2010). Brito (2014) ha desarrollado una adaptación española de la escala de Pommier, con adecuada validez de constructo y buena consistencia interna (alfa de Cronbach = 0,89). Apenas ha sido utilizada en investigación.

Pero las escalas de compasión que son más sólidas, y que sin duda se usarán de forma casi exclusiva en el futuro, son la Sussex-Oxford Compassion for Others (SOCS-O) y la Sussex-Oxford Compassion for the Self (SOCS-S). Han sido desarrolladas por el grupo de Kuyken del Oxford Mindfulness Institute (Gu y cols., 2020) y nosotros hemos realizado la validación en español (García Campayo y cols., 2023). Ambas constan de 20 ítems y se estructuran cinco dimensiones: 1) reconocer el sufrimiento, 2) comprender la universalidad del sufrimiento, 3) desarrollar sentimientos de compasión hacia la persona que sufre, 4) tolerar la incomodidad del sufrimiento, y 5) actuar o estar motivado a actuar para aliviar el sufrimiento. Ambas escalas muestran adecuadas cualidades psicométricas, considerándose una escala mucho más sólida que la SCS. Las incluimos a continuación.

Esta escala de Oxford, en sus dos versiones para los demás y para uno mismo, es la que se recomienda utilizar, en la actualidad, en todos los estudios sobre compasión.

Sussex-Oxford Compassion for Others Scale (SOCS-O)

Instrucciones

Más abajo hay frases que describen cómo podríamos relacionarnos con *otras personas*. Por favor, indique hasta qué punto son ciertas para usted usando la siguiente escala de respuestas de 5 puntos (1 = nunca es verdad, 2 = raramente es verdad, 3 = a veces es verdad, 4 = casi siempre es verdad, 5 = siempre es verdad). Por ejemplo, si piensa que la frase casi siempre es verdad, dibuje un círculo en el «4».

Nota: En los ítems siguientes, las palabras generales (p.ej., «disgustado», «angustiado», «sufrimiento», «apuros») se utilizan para cubrir un rango de emociones desagradables, como tristeza, miedo, ira, frustración, culpa, vergüenza, etcétera.

Por favor, proporcione una respuesta a cada frase.

	Nunca es verdad	Raramente es verdad	A veces es verdad	Casi siempre es verdad	Siempre es verdad
1. Me doy cuenta cuando otras personas se sienten angustiadas sin que tengan que decírmelo.	1	2	3	4	5
2. Entiendo que todas las personas experimentan sufrimiento en algún momento de sus vidas.	1	2	3	4	4
3. Cuando alguien atraviesa un momento difícil, siento compasión hacia esa persona.	1	2	3	4	4
4. Cuando alguien está disgustado, trato de permanecer abierto a sus sentimientos, en lugar de evitarlos.	1	2	3	4	4
5. Cuando otros pasan apuros, trato de hacer cosas que puedan ayudarles.	1	2	3	4	4
6. Me doy cuenta cuando otros se sienten angustiados.	1	2	3	4	4
7. Entiendo que sentirse disgustado a veces es parte de la naturaleza humana.	1	2	3	4	4

	Nunca es verdad	Raramente es verdad	A veces es verdad	Casi siempre es verdad	Siempre es verdad
8. Cuando escucho que a otras personas les ocurren cosas negativas, me preocupo por su bienestar.	1	2	3	4	5
9. Permanezco al lado y escucho a otras personas cuando están disgustadas, incluso si es difícil de soportar.	1	2	2	4	5
10. Cuando alguien atraviesa un momento complicado, trato de cuidarlo.	1	2	2	4	5
11. Noto rápidamente los primeros signos de angustia en los demás.	1	2	2	4	5
12. Al igual que yo, sé que otras personas también pasan apuros en la vida.	1	2	2	4	5
13. Cuando alguien está disgustado, trato de sintonizar con cómo se siente.	1	2	2	4	5
14. Conecto con el sufrimiento de los demás sin juzgarlos.	1	2	2	4	5
15. Cuando veo que alguien está necesitado, intento hacer lo que es mejor para él.	1	2	2	4	5

	Nunca es verdad	Raramente es verdad	A veces es verdad	Casi siempre es verdad	Siempre es verdad
16. Reconozco los signos de sufrimiento en los demás.	1	2	2	4	5
17. Sé que todos podemos sentirnos mal a veces cuando sufrimos una injusticia.	1	2	2	4	5
18. Soy sensible a la angustia de los demás.	1	2	2	4	5
19. Cuando alguien está disgustado, puede contar conmigo sin que yo esté abrumado por su malestar.	1	2	2	4	5
20. Cuando veo que alguien está mal, hago todo lo posible para cuidarlo.	1	2	2	4	5

Sussex-Oxford Compassion for the Self Scale (SOCS-S)

Instrucciones

Más abajo hay frases que describen cómo usted podría relacionarse *consigo mismo*. Por favor, indique hasta qué punto esas frases son ciertas para usted usando la siguiente escala de respuestas de 5 puntos (1 = nunca es verdad, 2 = raramente es verdad, 3 = a veces es verdad, 4 = casi siempre es verdad, 5 = siempre es verdad). Por ejemplo, si piensa que la frase casi siempre es verdad, dibuje un círculo en el «4».

Nota: En los ítems siguientes, las palabras generales (p.ej., «disgustado», «angustiado», «sufrimiento», «apuros») se utilizan para cubrir un rango de emociones desagradables, como tristeza, miedo, ira, frustración, culpa, vergüenza, etcétera.

Por favor, proporcione una respuesta a cada frase.

	Nunca es verdad	Raramente es verdad	A veces es verdad	Casi siempre es verdad	Siempre es verdad
1. Reconozco perfectamente cuándo me siento angustiado.	1	2	3	4	4
2. Entiendo que todos experimentamos sufrimiento en algún momento de nuestras vidas.	1	2	3	4	4
3. Cuando estoy atravesando por un momento difícil, siento compasión hacia mí mismo.	1	2	3	4	4
4. Cuando estoy atravesando por un momento difícil, siento compasión hacia mí mismo.	1	2	3	4	4
5. Intento animarme cuando estoy angustiado, incluso si es imposible actuar sobre la causa.	1	2	3	4	4
6. Noto cuándo estoy angustiado.	1	2	3	4	4
7. Entiendo que sentirse disgustado a veces es parte de la naturaleza humana.	1	2	3	4	4

	Nunca es verdad	Raramente es verdad	A veces es verdad	Casi siempre es verdad	Siempre es verdad
8. Cuando me ocurren cosas negativas, cuido de mí mismo.	1	2	3	4	5
9. Conecto con mi propio malestar sin dejar que me sobrepase.	1	2	2	4	5
10. Cuando paso por momentos difíciles, intento cuidar de mí mismo.	1	2	2	4	5
11. Noto rápidamente los primeros signos de angustia en mí mismo.	1	2	2	4	5
12. Como yo, sé que otras personas también pasan apuros en la vida.	1	2	2	4	5
13. Cuando estoy disgustado, intento sintonizar con mis sentimientos.	1	2	2	4	5
14. Conecto con mi propio sufrimiento sin juzgarme a mí mismo.	1	2	2	4	5
15. Cuando estoy disgustado, intento hacer lo que es mejor para mí.	1	2	2	4	5

	Nunca es verdad	Raramente es verdad	A veces es verdad	Casi siempre es verdad	Siempre es verdad
16. Reconozco los signos de sufrimiento en mí mismo.	1	2	2	4	5
17. Sé que todos podemos sentirnos angustiados cuando las cosas no van bien en nuestras vidas.	1	2	2	4	5
18. Incluso cuando estoy decepcionado conmigo mismo, puedo darme afecto cuando estoy angustiado.	1	2	2	4	5
19. Cuando estoy disgustado, puedo aceptar la presencia de mis emociones sin sentirme sobrepasado.	1	2	2	4	5
20. Cuando estoy disgustado, hago todo lo posible por cuidar de mí mismo.	1	2	2	4	5

Clave de corrección de ambas escalas

Se puede calcular el total de las 5 subescalas o el total de la SOCS-S y de la SOCS-O, que son escalas independientes. Para calcular las subescalas, hay que sumar los ítems correspondientes a cada subescala (más abajo se indica qué ítems corresponden a cada una de ellas). Para calcular el total de la SOCS-S y de la SOCS-O, hay que sumar las puntuaciones de las 5 subescalas o el total de los 20 ítems.

- Reconocer el sufrimiento de uno mismo o de otros: ítems 1, 6, 11 y 16.
- Comprender la universalidad del sufrimiento: ítems 2, 7, 12 y 17.
- Sentir el sufrimiento de uno mismo o de la otra persona que sufre: ítems 3, 8, 13 y 18.
- Tolerar la incomodidad del sufrimiento: ítems 4, 9, 14 y 19.
- Actuar o estar motivado a actuar para aliviar el sufrimiento: ítems: 5, 10, 15 y 20.

Alegría empática (AE)

Los autores quisieron desarrollar una escala para medir la AE en la vida diaria, a la que llamaron Appreciative Joy Scale. Consta de tres dimensiones: 1) sentido de alegría, 2) sesgo interpersonal positivo, y 3) autotrascendencia. Muestra correlación positiva con los cuatro inconmensurables, con relaciones interpersonales positivas, satisfacción con la vida, paz mental y felicidad como rasgo. La estructura se mantiene en los idiomas chino e inglés, y puntúan más alto las personas con creencias religiosas/espirituales. Muestra adecuadas propiedades psicométricas. Casi toda la escasa investigación sobre este inconmensurable se ha realizado usando esta escala. No hay validación española.

Appreciative joy scale

para los amigos (traducción personal)

Las 14 frases siguientes evalúan su actitud hacia sus amigos en diferentes situaciones. Es habitual que algunas expresiones le describan perfectamente, mientas que otras no lo hagan en absoluto. No hay respuestas correctas o equivocadas.

Por favor, lea cada frase cuidadosamente y puntúe el grado en que cada una le describe según esta escala: 1 = en absoluto es como yo, 3 = ligeramente como yo, 5 = moderadamente como yo, 7 = muy parecido a mi, 9 = exactamente igual que yo.

1. Me siento profundamente feliz por los éxitos de mis amigos.
2. Cuando pienso en un amigo, la primera cosa que viene a mi mente son sus cualidades positivas.
3. Incluso aunque mis amigos sean mejores que yo, aun así deseo que tengan éxito.
4. Cuando observo que el deseo de un amigo por fin se ha hecho realidad, a menudo tengo el siguiente sentimiento: «¡Qué maravilloso es que lo haya conseguido!».
5. Siempre soy capaz de darme cuenta de los muchos pequeños actos bondadosos que hacen mis amigos.

> 6. Puedo compartir la felicidad de mis amigos incluso cuando las cosas me van mal.
> 7. Siempre me siento afortunado con las celebraciones de mis amigos (como bodas o cumpleaños).
> 8. Siempre reconozco las fortalezas de un amigo, aunque no sea brillante.
> 9. Puedo ser feliz por la buena fortuna de mis amigos, aunque yo tenga mala suerte.
> 10. A menudo pienso que las sonrisas de mis amigos son muy agradables y alegres para mí.
> 11. Si me pidieran describir a mis amigos, podría señalar muchos de sus méritos.
> 12. Aunque experimente desgracias, todavía espero que mis amigos puedan llevar una vida feliz.
> 13. Puedo sentir alegría cuando veo a mis amigos inmersos en su felicidad.
> 14. A menudo, son los pequeños méritos de mis amigos los que me hacen sentir lo buenos que son.
>
> Los ítems 1, 4, 7, 10 y 13 pertenecen a la dimensión «sentido de alegría»; los ítems 2, 5, 8, 11 y 14, al sesgo interpersonal positivo; y los ítems 3, 6, 9 y 12, a la autotrascendencia.

Ecuanimidad

La primera escala que midió la ecuanimidad fue la SOFI (Kraus, 2009), un cuestionario que mide los cuatro inconmensurables simultáneamente de forma breve, y que, por su amplio uso, analizaremos en la sección final de este capítulo. Pero no es una escala específica de ecuanimidad. Por otra parte, y esta es una limitación de la SOFI, su descripción de ecuanimidad se solapa demasiado con la aceptación (Juneau y cols., 2020).

Otra de las escalas desarrolladas es la Holistic Well Being Scale (Chan y cols., 2014), que busca medir la aflicción y la ecuanimidad desde una perspectiva eudaimónica. Tiene una base espiritual y usa una definición más global, como «felicidad en ausencia de placer» o «un estado en el que la persona elimina su propio sentido del yo». La escala se compone de cuatro factores: 1) no-apego (p.ej., «Puedo aceptar las subidas y bajadas que se producen en la vida conforme aparecen»); 2) consciencia mindful (p.ej., «Soy capaz de notar cambios en mi estado de ánimo»); 3) vitalidad general (p.ej., «Estoy lleno de energía»), y 4) autocuidado espiritual (p.ej., «Tengo una vida religiosa/espiritual rica»). Uno de los mayores problemas es que, fuera del idioma chino en que fue desarrollada, no ha sido validad en ninguna otra lengua.

Weber y Lowe (2018) desarrollaron y validaron la Escala de Barreras a la Ecuanimidad (Equanimity Barriers Scale, EBS), que se centra en las barreras para alcanzar la ecuanimidad, es decir, en las creencias y patrones de pensamiento sobre los que se producen los juicios. Analiza cuatro subescalas: innata, interactiva, reflexiva y social. La escala de 21 ítems mostraba características psicométricas adecuadas. No ha sido apenas utilizada.

Además, existe una escala de 6 ítems, desarrollada por los hispanoparlantes Moscoso y Merino Soto (2017), llamada Inventario de Mindfulness y Ecuanimidad, basada en los principios de Desbordes y cols. (2015) con una perspectiva latinoamericana. Está en español, pero apenas ha sido usada en investigación.

Dado que no existían medidas adecuadas de este constructo tan nuclear en mindfulness, Juneau y cols. (2020), basándose en el trabajo de Moscoso y Merino Soto (2017), desarrollaron una escala, llamada EQUA-S, de 21 ítems con dos subescalas: a) estado equilibrado de la mente, con 12 ítems, basada en los principios de Desbordes y cols. (2015), y b) independencia hedónica, con 13 ítems, basada en los postulados de Hadash y cols. (2016). El cuestionario presenta adecuadas propiedades psicométricas.

La escala que hemos elegido por su brevedad y precisión de constructo es la Escala de Ecuanimidad (ES-16) de Rogers y cols. (2021), quienes, a partir de un bloque inicial de 42 ítems obtenidos de cuestionarios de mindfulness ya existentes, revisaron los ítems relacionados con la aceptación y seleccionaron algunos de ellos mediante acuerdo. Este borrador inicial se usó sobre una muestra de 223 adultos reclutados de la comunidad. Se identificaron dos dimensiones que ya habían sido descritas en estudios anteriores: aceptación Experiencial y no reactividad. La escala final está compuesta de 16 ítems que mostraron adecuada consistencia interna ($\alpha = .88$), fiabilidad test-retest ($n = 73$; $r = .87$, $p < .001$) en un período de 2–6 semanas, así como adecuada validez convergente y divergente en las direcciones esperadas con las siguientes escalas: Nonattachment Scale, Depression Anxiety and Stress Scale, Satisfaction with Life Scale and Distress Tolerance Scale. Por tanto, se considera que esta escala tiene cualidades psicométricas adecuadas para medir la ecuanimidad. La denominaron «Escala de Ecuanimidad» (ES-16), y describimos los ítems a continuación.

Escala de ecuanimidad
(ES-16) (Rogers y cols., 2021)

Selecciona la respuesta que mejor describe cómo te ves, según esta escala. Elige la respuesta adecuada, basada en lo que estás de acuerdo con cada frase, justo en este momento. Intenta no dedicar demasiado tiempo a ninguno de estos ítems. No hay respuestas acertadas o equivocadas:

- Completamente en desacuerdo = 1
- Ligeramente en desacuerdo = 2
- Tanto de acuerdo como en desacuerdo = 3
- Ligeramente de acuerdo = 4
- Completamente de acuerdo = 5

1. Cuando experimento pensamientos e imágenes que me producen malestar, soy capaz de vivir la experiencia con aceptación.
2. Me acerco a cada experiencia intentando aceptarla, sin importar si resulta agradable o desagradable.
3. Cuando experimento pensamientos e imágenes desagradables, puedo mantener la distancia y hacerme consciente de ellos, sin quedarme atrapado por ellos.
4. Cuando experimento pensamientos e imágenes desagradables, soy capaz de notarlos sin reaccionar.
5. Puedo prestar atención a lo que está ocurriendo en mi cuerpo sin que me desagrade o querer más de esas sensaciones o tonos sensoriales.
6. Me empeño en cultivar calma y paz dentro de mí, incluso cuando todo parece estar cambiando continuamente.

7. Percibo mis sensaciones y emociones sin tener que reaccionar a ellas.
8. Permanezco en el presente con mis sensaciones y emociones, incluso cuando son desagradables.
9. Cuando noto mis sensaciones, tengo que actuar sobre ellas inmediatamente.
10. Noto que tengo que reaccionar a cualquier fenómeno que surge en mi cabeza.
11. Estoy impaciente y no puedo evitar mi reactividad cuando me enfrento a las emociones y acciones de otras personas.
12. No soy capaz de evitar mis reacciones cuando algo es desagradable.
13. Si noto una sensación corporal desagradable, tiendo a preocuparme por ella.
14. No soy capaz de tolerar el malestar.
15. Cuando siento malestar físico, nunca me puedo relajar porque nunca estoy seguro de que pasará.
16. No puedo mantener mi mente en calma y clara, especialmente cuando me siento preocupado o con malestar físico.

Los ocho primeros ítems conforman la subescala de evitación de experiencias, y los ocho últimos, la de no reactividad.

Los ítems del 9 al 16 se puntúan de forma inversa.

Los cuatro inconmensurables en su conjunto

Existe una escala que intenta medir los cuatro inconmensurables basándose en la descripción que se hace en el budismo (Nhat Hahn, 1991) y que se denominó Self-Other Four Immeasurables (SOFI). Para ello, se desarrollaron adjetivos que pudiesen captar estas cualidades, y se planteó evaluar todas ellas en relación con «uno mismo» y con «los otros». Los estudios con meditadores budistas altamente entrenados muestran claras diferencias entre los cuatro inconmensurables; pero en meditadores noveles, las diferencias aparecen en cómo conceptuar los inconmensurables entre yo y los otros, así como las diferencias entre las cualidades positivas y negativas. La evaluación de los enemigos cercanos se constituía como factores adicionales, pero no fueron incluidos en la escala por la complejidad del constructo y su utilidad limitada.

Las cualidades positivas hacia uno mismo y hacia los otros muestran elevada correlación, pero son más elevadas las puntuaciones hacia los otros. Las cualidades negativas muestran escasa correlación entre uno mismo y los otros, y son más elevadas hacia uno mismo que hacia los otros. Por eso, aunque el cuestionario tiene cuatro dimensiones, no coinciden con los cuatro inconmensurables. Las cuatro dimensiones fueron las siguientes: 1) cualidades positivas hacia uno mismo, 2) cualidades positivas hacia los otros, 3) cualidades negativas hacia uno mismo, y 4) cualidades negativas hacia los otros. Es una medida única porque evalúa los cuatro inconmensurables. Posee adecuadas cualidades psicométricas. Las puntuaciones de compasión hacia uno mismo mostraron una elevada validez concurrente con la escala de autocompasión de Neff y cols. (2003*b*), pero añaden la evaluación de compasión hacia los demás.

Por otra parte, la SOFI es una escala breve y sencilla que puede ser incluida en cualquier batería. Se ha utilizado mucho en investigación para evaluar los cuatro inconmensurables en su conjunto. No hay validación española.

Self-other four immeasurable (SOFI) scale

Esta escala consiste en una serie de palabras que describen diferentes pensamientos, sentimientos o conductas. Lee cada ítem e indica cómo te sientes ahora mismo.

1 = muy poco o nada 2 = poco 3 = moderadamente
4 = bastante 5 = extremadamente

1) Amistoso/a hacia mí mismo/a	1	2	3	4	5
2) Amistoso/a hacia los demás	1	2	3	4	5
3) Lleno/a de odio hacia mí mismo/a	1	2	3	4	5
4) Lleno/a de odio hacia los demás	1	2	3	4	5
5) Enfadado/a conmigo	1	2	3	4	5
6) Enfadado/a con los demás	1	2	3	4	5
7) Alegre por mí mismo/a	1	2	3	4	5
8) Alegre por los demás	1	2	3	4	5

9) Con aceptación hacia mí mismo/a	1	2	3	4	5
10) Con aceptación hacia los demás	1	2	3	4	5
11) Cruel hacia mí mismo/a	1	2	3	4	5
12) Cruel hacia los demás	1	2	3	4	5
13) Compasivo/a hacia mí mismo/a	1	2	3	4	5
14) Compasivo/a hacia los demás	1	2	3	4	5
15) Mezquino hacia mí mismo/a	1	2	3	4	5
16) Mezquino hacia los demás	1	2	3	4	5

La corrección arrojaría dos pares de contrarios en cada inconmensurable:

1. Bondad amorosa: amistoso - con odio
2. Compasión: compasivo - cruel
3. Alegría empática: alegre - enfadado
4.- Ecuanimidad: con aceptación - mezquino

Como se ve, las cualidades negativas no son exactamente los enemigos lejanos que hemos estudiado, ya que en la validación de la SOFI se vio que algunos de ellos no eran entendidos por la población general. Se buscaron palabras negativas que incluyesen el significado de los enemigos lejanos, a veces solapándose, pero psicométricamente el test era más consistente.

Limitaciones de las escalas para medir los cuatro inconmensurables

Las escalas para medir estas cualidades mostraban las siguientes limitaciones (Grossman, 2008):

1. Los expertos pueden discrepar sobre el constructo y sobre qué mide el constructo. Por ejemplo, la ecuanimidad es medida en SOFI como aceptación, lo cual es discutible.
2. Quienes diseñan los cuestionarios pueden carecer de una profunda comprensión sobre el constructo. La opinión de un maestro budista discreparía, a menudo, con la de los expertos en psicología sobre cómo se evalúa un determinado inconmensurable.
3. Los ítems pueden interpretarse de forma muy diferente, dependiendo del tiempo de práctica meditativa. Los meditadores noveles tienden a pensar que la profundidad de su meditación es mayor que la de los meditadores avanzados, a quienes su mayor experiencia les permite ser conscientes de lo mucho que aún les falta.
4. Puede haber discrepancias entre el autorreporte y la realidad por múltiples factores.
5. Pueden producirse sesgos en los practicantes de meditación debido a la gran inversión de tiempo y esfuerzo que dedican al tema, y confundir el tiempo invertido con los resultados obtenidos.
6. La validación de los instrumentos puede estar sesgada si se elige una población inadecuada para hacerlo.

13. La evidencia científica sobre el efecto de la práctica de los cuatro inconmensurables

> Cuando la compasión llena mi corazón,
> libre de todo deseo,
> tomo asiento calmadamente como la Tierra,
> mi silencio exclama ecos similares al trueno
> a través del universo.
>
> Rumi, místico y poeta persa (1207-1273), «Susurros al amado»

La mayor parte de la investigación en este tema se ha realizado sobre la compasión. Sobre los otros tres inconmensurables aislados y los inconmensurables en su conjunto, la investigación ha sido mucho menor. Pasamos a reseñar los principales estudios acerca de este tema.

Bondad amorosa (BA)

Como haremos con la compasión, diferenciamos el efecto sobre sujetos sanos, en los que aumenta el bienestar, por lo que este efecto se denomina afecto positivo, y cuando se utiliza con individuos con enfermedad, en los que actúa sobre el afecto negativo. La eficacia en ambos puede ser muy diferente.

a) Sobre patología (afecto)

El primer estudio sobre el tema fue el de Carson *et al.* (2005), que comparaba una intervención de bondad amorosa (BA) frente al tratamiento habitual en pacientes con dolor de espalda. La intervención duró 8 semanas, y se esperaba una práctica individual de 10 a 30 minutos/día. Los resultados fueron que el grupo de control no mejoró nada, mientras que los practicantes de BA mejoraron en estrés, ansiedad, hostilidad y fobia después de la intervención. El tiempo medio que meditaron cada día fue de 20 minutos, y se comprobó que el tiempo de práctica de cada día se correlacionaba con el estado psicológico del individuo ese día.

Otro de los estudios importantes de BA en patologías es el de Kearney y cols. (2021) sobre 184 veteranos de guerra que padecían Trastorno de Estrés Postraumático y Depresión. Se llevaba acabo una intervención de 12 semanas de 90 minutos cada sesión, y se comparaba con la Reestructuración Cognitiva con Procesamiento Emocional del contenido del trauma. Se hizo un seguimiento de 3 y 6 meses. Los resultados fueron que ambas intervenciones disminuían la sintomatología traumática y depresiva por igual, con una magnitud de mejora modesta; sin embargo, los cambios en el tiempo eran mayores con BA que con la intervención cognitiva.

b) Sobre sujetos sanos

Fredrickson *et al.* (2008) compararon una intervención de la BA frente a la lista de espera en adultos sanos. La intervención duró 7 semanas, y requería 15-22 minutos de practica individual 5 días a la semana. Se demostró que la BA, con un tiempo medio de práctica de 80 minutos/semana, mejoraba las emociones positivas diarias, incrementaba los recursos de los practicantes y mejoraba las variables de resultado que implicaban satisfacción con la vida. El tiempo de práctica se correlacionaba con el resultado y tenía un efecto acumulativo: conforme pasaban las semanas, más intenso era el resultado. El mayor problema es que la BA no tenía ningún efecto sobre emociones negativas como la depresión o la ansiedad, solo sobre las positivas como el bienestar psicológico en general. Una extensión longitudinal de este estudio demostró que los efectos se mantenían durante 15 meses (Cohn y Fredrickson, 2010).

May *et al.* (2011) evaluaron el efecto de la BA durante 8 semanas en estudiantes universitarios, a los que se les pidió que practicasen durante al menos 15 minutos durante 4 días a la semana. Los resultados de prácticas con una media de 4 a 5 horas por semana fueron incrementos en las subescalas de observar y describir del cuestionario de Cinco Facetas de Mindfulness (FFMQ por su acrónimo en inglés), pero no se correlacionaban con la práctica. No hubo cambios en las emociones positivas o negativas, ni en las conductas ni en las respuestas al electrocardiograma. Por tanto, se deduce que produce cambios de estado, es decir, a corto plazo, pero no de rasgo, a largo plazo.

Leppma y Young (2016) compararon una intervención de BA con un entrenamiento en habilidades interpersonales en un grupo de estudiantes de *counseling* con un diseño cuasiexperimental. La intervención duraba 6 semanas y requería 10-20 minutos de práctica individual, 3-4 veces/semana. La BA produjo mucha más toma de perspectiva y preocupación empática, aunque no hubo cambios en el distrés personal (desbordamiento ante una situación). El tiempo de meditación se correlacionaba con la capacidad para tomar perspectiva y distanciarse del problema.

Weibel *et al.* (2016) compararon una intervención grupal de la BA frente a la lista de espera en estudiantes universitarios. La intervención duraba 4 semanas. El tiempo que meditaron fue de 30 minutos/día de media durante la intervención, pero bajó a 15 minutos en el seguimiento de 8 semanas. En el postratamiento, el grupo de intervención mostró más autocompasión y BA que el grupo de control, pero no había diferencias en el seguimiento. La variable principal, que era la ansiedad, siempre mostró niveles significativamente más bajos en el grupo de intervención, pero esas diferencias decayeron con fuerza en el seguimiento. No hubo correlación entre los resultados y el tiempo de meditación.

En otro estudio, a 106 médicos chinos se les realizó una intervención de la BA de 8 semanas, y se comparó frente a una no intervención. En el postratamiento, ya que no hubo seguimiento, los que recibieron la BA mostraron significativamente mayor empatía y habilidades de comunicación que los que no recibieron intervención, aunque los niveles de mindfulness fueron idénticos en ambos.

Por último, existe una revisión sistemática de 24 estudios, con una muestra de 1.759 individuos, en los que se ha utilizado la BA para aumentar las emociones positivas. Las conclusiones fueron las siguientes: 1) la BA produce un efecto medio en las emociones positivas diarias, tanto cuando se compara con una lista de espera como con estudios que no son ECA; 2) se observa un efecto entre pequeño y mediano en estudios en que la práctica se mantiene de forma indefinida en diferentes tipos de comparación; 3) análisis más complejos mostraron, además, que las intervenciones con BA son más eficaces (efecto medio) que las que utilizan compasión (efecto pequeño), y 4) el tiempo de meditación no se correlaciona con el efecto. Son necesarios más estudios para conocer bien los mecanismos de acción y las causas de estos resultados, así como su aplicabilidad clínica en diferentes poblaciones.

En relación con el afecto positivo, otros estudios confirman que la BA:

- Aumenta la conexión social (Hutcherson *et al.*, 2008).
- Disminuye el envejecimiento (Le Nguyen *et al.*, 2019).
- Incrementa la moralidad y el comportamiento prosocial (Bankard, 2015).

Compasión

Se han desarrollado cinco protocolos de intervención, que hemos descrito en nuestros manuales sobre compasión (García Campayo y col., 2016; García Campayo, 2022). De varios de estos modelos existen diferentes estudios de eficacia en población sana y en diferentes patologías, por lo que sería largo resumir todos los estudios. Aquí nos hemos limitado a metaanálisis y grandes estudios sobre compasión, como hemos resumido en García Campayo (2022).

a) Efecto sobre diferentes enfermedades

Existen varios metaanálisis –se denomina así a los estudios que revisan ensayos clínicos y que producen la mayor evidencia científica– sobre la eficacia de la terapia de compasión en diferentes patologías (Macbeth y Gumley, 2012; Galante y cols., 2014; Leaviss y Uttley, 2015; Shonin y cols., 2016; Wilson y cols., 2019). Los hallazgos confirman que su eficacia es alta en el tratamiento de la ansiedad y la depresión.

En general, se considera que la autocompasión y el mindfulness son eficaces en el tratamiento de la depresión y de la ansiedad (Pauley y McPherson, 2010). Ambas intervenciones no producen exactamente los mismos resultados y su asociación es más beneficiosa que la utilización de cualquiera de ellas de forma aislada. La terapia de compasión sería muy útil en los trastornos con estrés, en la ansiedad social y en los conflictos en las relaciones interpersonales, como conflictos de pareja, síndrome del cuidador y todos los trastornos que cursan con ira (Hofmann y cols., 2011).

En la tabla 3 resumimos otros trastornos en los que la terapia de compasión se ha mostrado útil. Este campo está en continuo crecimiento, por lo que a la hora de publicarse este libro es posible que hayan surgido nuevos estudios sobre la eficacia de la terapia de compasión en otras patologías.

Tabla 3.
Otros trastornos en los que la terapia de compasión se ha mostrado útil

Dolor crónico. Permitiría una mejor adaptación y disminuiría la catastrofización y, probablemente, la injusticia percibida, asociada a este trastorno (Costa y Pinto Gouveia, 2011).

Trastornos de la conducta alimentaria. (Kelly y col., 2009). Incluir autocompasión de forma precoz en el tratamiento de los trastornos de conducta alimentaria parece mejorar el pronóstico, ya que la autocrítica parece ser uno de los elementos claves en el agravamiento de la enfermedad.

Trastorno de estrés postraumático. (Held y Owens, 2015). La compasión disminuiría la culpa, que es uno de los principales factores de cronificación en este trastorno.

Traumas psicológicos infantiles. (Scoglio y cols., 2018). Los elevados niveles de autocompasión consiguen en estos pacientes una mejor regulación emocional, disminuyendo el impacto del trauma, lo que les permite manejarse con los sucesos adversos de una forma más eficaz. Este mecanismo terapéutico se conoce como repercepción positiva.

Trastornos de la personalidad. La compasión en formato grupal mejora el estrés, la depresión, la vergüenza y la comparación social (Lucre y Corten, 2013), así como la aceptación (Feliu y cols., 2017).

b) Efecto sobre el bienestar psicológico en individuos sanos

En poblaciones no clínicas, existen menos estudios y son de menor calidad. Se considera que la autocompasión podría producir mayor efecto que mindfulness sobre la satisfacción con la vida, la felicidad y el bienestar psicológico. Ya hemos comentado que esto no quiere decir que la terapia de compasión sea más eficaz que mindfulness, sino que simplemente tienen efectos diferentes. Un estudio de nuestro grupo demuestra que el bienestar psicológico se asocia más a compasión, mientras que la satisfacción con la vida esta más relacionada con la práctica informal de mindfulness (Montero y cols., 2018).

La autocompasión se asocia a diferentes fortalezas psicológicas, como mayor inteligencia emocional, sabiduría, satisfacción con la vida y sentimientos de conexión social, todos ellos elementos importantes para el desarrollo de una vida con sentido (Neff 2003, Neff y cols., 2008). Las personas autocompasivas también muestran más optimismo, curiosidad, creatividad y otras emociones positivas, como entusiasmo e inspiración, si las comparamos con los individuos más autocríticos (Neff y cols., 2007). Hay que resaltar que la forma que tiene la compasión de ser eficaz no es reemplazando los pensamientos y emociones negativos por positivos, como hacen las terapias de segunda generación, como la cognitiva, sino abrazando y aceptando los pensamientos y emociones negativas, como parte de la naturaleza humana.

La autocompasión va ligada a una mayor iniciativa personal, elevada autoeficacia y motivación intrínseca (Neff y cols., 2007). También se asocia a una mayor capacidad para realizar cambios que mejoren al individuo con el fin de intentar aprender de la experiencia y evitar errores previos (Neff y cols., 2007). Todas estas características hacen que la autocompasión sea también muy eficaz para el desarrollo de conductas saludables que van ligadas a una fuerte motivación, como:

- El mantenimiento de dietas de adelgazamiento (Adams y Leary, 2007).
- Deshabituación tabáquica (Kelly y cols., 2009).
- Práctica de ejercicio físico con finalidad saludable (Magnus y cols., 2010).
- Adherencia al tratamiento farmacológico (Terry y Leary, 2011).

Por último, la autocompasión parece muy útil para sobreponerse a los trastornos de adaptación en general, como se ha comprobado en los casos de divorcio (Sbarra y cols., 2012).

Alegría altruista (AA)

Existen algunos estudios de investigación que analizan el efecto de esta meditación de forma aislada. Este inconmensurable no ha despertado tanta atención entre los investigadores como otros, probablemente porque se considere menor y secundario respecto al entrenamiento en bondad amorosa y compasión, aunque también porque resulta más difícil desarrollar intervenciones para generar esta emoción. Quizás, también es menos atractivo para los pacientes o individuos sanos que tienen que practicarlo, ya que es posible que su utilidad no la vean tan clara.

Uno de los pocos estudios que desarrolla una intervención en AA es el de Xianglong y cols., (2018). Dura 4 semanas, y se comparó con lista de espera en población general. Los que recibieron AA mostraron, en el post-tratamiento, y en el seguimiento, mayor satisfacción con la vida y menor envidia, con una intensidad moderada (magnitud del efecto: 0,5-0,7). La alegría apreciativa sería útil para aumentar el bienestar subjetivo y disminuir la envidia.

En otro estudio, Ng y cols. (2019) realizaron un ECA para ver si AA modificaba la reacción de las personas cuando otros mostraban conductas egoístas hacia ellos mismos. Los novicios en meditación fueron aleatoriamente asignados a una intervención breve en AA o a una visualización neutra. Luego, participaron en el Ultimate Game, donde actuaban como proponentes de una oferta a otra persona y, después, como receptores de una oferta que tenían que aceptar o no. Los que participaron en el grupo AA aceptaban más propuestas egoístas, pero no realizaban propuestas egoístas ni modificaban su percepción sobre la bondad humana cuando se les comparaba con los de la visualización neutra. El factor que mejor explicaba el cambio era la subescala de autotrascendencia de la Appreciative Joy Scale, que describe el sentimiento de felicidad por otros cuando uno está en una condición peor que ellos, lo que explicaba la aceptación de propuestas egoístas. En conclusión, una breve práctica de AA convertiría a la gente en más tolerante a las actitudes y conductas egoístas dirigidas hacia ellos.

Por último, una revisión sistemática de Zeng, Chang, Liu y cols. (2017) analiza el efecto diferencial de la AA y de la compasión, y concluye que la BA es más eficaz que la compasión en diferentes aspectos.

Ecuanimidad

No existen estudios en los que se haya evaluado una intervención destinada solo a desarrollar ecuanimidad y se haya evaluado su efecto posteriormente. Una de las mejores revisiones sobre la ecuanimidad, que revisa tanto el concepto como su medida con métodos psicológicos o sus posibles correlatos biológicos, es la de Desbordes y cols. (2015).

Los cuatro inconmensurables

Uno de los primeros estudios realizados que incorporaban como intervención elementos de los cuatro inconmensurables fue el de Wallmark y cols. (2013). La intervención duraba 8 semanas, se realizaba en sujetos sanos y se comparaba con lista de espera. Los sujetos que practicaron los inconmensurables mostraron en el postratamiento menor estrés percibido, mayores niveles de mindfulness en todas las escalas del cuestionario de Cinco Facetas de Mindfulness (FFMQ en inglés), excepto en no juicio, más autocompasión, toma de perspectiva y tendencia al altruismo. No hubo diferencias en distrés personal y preocupación empática. Existía correlación entre tiempo de práctica y niveles totales de mindfulness, reducción del estrés percibido y tendencia al altruismo.

Algunas de las primeras revisiones son las de Hutcherson y cols. (2008), que demostraron que mejoraban las emociones y las conductas prosociales, y la de Shonin y cols. (2015), que confirmaron que los inconmensurables eran eficaces en diferentes patologías, como depresión, ansiedad o trauma; aunque revisaban básicamente bondad amorosa y compasión.

Existe una importante revisión sobre el tema, de Zeng, Chiu, Oei y cols. (2017), que analiza 22 intervenciones basadas en los cuatro inconmensurables y que ofrece una visión amplia de la eficacia de estas meditaciones en diferentes entornos. Muchos de sus resultados aparecen en la sección de conclusiones finales.

Hay otra revisión más específica, de Jing y cols. (2020), en la que se analiza el efecto de los cuatro inconmensurables sobre la depresión. Incluye 21 estudios, 1.468 individuos, y demuestra que tienen una eficacia moderada (magnitud del efecto d = 0,38) en ensayos controlados y elevada (d = 0,87) en ensayos no controlados. No se encontraron diferencias significativas según el tipo de intervención, duración, componentes o forma de medida. No hubo correlación entre tiempo de práctica e intensidad del cambio. Los mecanismos de acción fueron mindfulness y compasión.

Conclusiones finales

Uno de los problemas en la investigación de los cuatro inconmensurables es que los estudios sobre el tema son escasos, demasiado variados en cuanto a metodología, no diferencian bien entre las cuatro prácticas y, a menudo, los resultados están mezclados. Este es uno de los temas que deben mejorarse en futuros estudios (Zeng, Chan, Liu y cols., 2017).

Su eficacia como tratamiento, es decir, para disminuir el afecto negativo, es limitado, ya que los efectos son leves o moderados (Zeng, Chan, Liu y cols., 2017). Por un lado, este es el nivel de eficacia habitual de las psicoterapias, pero, por otro lado, y más importante, los cuatro inconmensurables no fueron diseñados como tratamiento de enfermedades, sino para curar la enfermedad última del ser humano: el sufrimiento del mundo. Su eficacia es, por tanto, mucho mayor en afecto positivo, es decir, en aumentar el bienestar de los sujetos sanos.

En afecto negativo, los inconmensurables parecen más efectivos a corto que a largo plazo (Zeng, Chan, Liu y cols., 2017), lo que, lejos de ser un problema, podría aplicarse en momento de intenso malestar y ante ciertas enfermedades, como un tratamiento psicológico sintomático. Se utilizaría basándose en su eficacia-estado (corto plazo), que parece mayor que la eficacia-rasgo (largo plazo).

Las intervenciones con alegría empática son más eficaces para desarrollar las emociones positivas que las que emplean compasión (Zeng Chan, Liu *et al.*, 2017). Contrariamente a la hipótesis que se tenía de que visualizar a otros individuos con éxito o felicidad produciría emociones interpersonales negativas, la bondad amorosa disminuye esas emociones negativas y aumenta las positivas, por lo que podría ser el mejor inconmensurable para empezar.

Un aspecto muy interesante es que la dificultad a la hora de trabajar con los objetos de compasión es, en orden descendente, los amigos, uno mismo y otras personas. Es decir, trabajar la compasión con los amigos produce grandes dificultades (Weng y cols., 2013), probablemente por el contagio de su sufrimiento, confirmando lo que dice el *Visuddhimagga* de que los amigos no son un buen soporte para trabajar la compasión.

14. Conclusiones

En este libro hemos abordado los cuatro inconmensurables o *brahmavihāras* desde la perspectiva meditativa de la tradición budista y también desde la perspectiva científica de la psicología y la medicina actual.

Algunas de las conclusiones más importantes son las siguientes:

- Los cuatro inconmensurables constituyen una práctica nuclear de la tradición budista en todas sus escuelas. Han sido mencionados también en algunas escuelas meditativas no budistas.
- Su origen puede rastrearse hasta el propio Buda, quien los menciona en los *sutras*.
- La gran riqueza en la variabilidad de la práctica dentro de la tradición budista no supone contradicción o inexactitud de los maestros, sino que nos da una idea de su importancia y de las diferentes formas de abordar estas meditaciones en dependencia de las características del practicante.
- Los inconmensurables son, en un principio, una absorción o *jhana*, es decir, una meditación atencional, por lo que podrían usarse para alcanzar este estado, que constituye una de las cumbres meditativas en cualquier tradición. No obstante, puede ser utilizado como práctica generativa y usarse para desarrollar estas emociones sublimes, que nos llevarán, necesariamente,

a una nueva relación interpersonal y a un máximo bienestar individual.

- El desarrollo de las cualidades de los cuatro inconmensurables puede realizarse independientemente, con otras prácticas transversales generales, como las descritas en el capítulo 5, o bien con prácticas específicas, como las incluidas en cada uno de los capítulos referidos a los *brahmavihāras*. Las prácticas deberían realizarse tanto de modo formal como informal.
- La ciencia occidental ha demostrado que pueden medirse estos constructos; aunque, a veces, el concepto no sea el mismo que el que se le otorga en la tradición budista. Hemos expuesto las limitaciones propia a la elaboración y desarrollo de estas escalas y cuestionarios.
- La psicología y la medicina han evaluado la eficacia de estas meditaciones, tanto en individuos sanos, desarrollando cualidades y afecto positivo, como en personas enfermas, mejorando trastornos médicos y psiquiátricos. En general, son más útiles para producir bienestar psicológico (afecto positivo) que para disminuir el malestar (afecto negativo). En cualquier caso, no debe olvidarse que la función de estas prácticas no es la terapia, sino aliviar la gran enfermedad del ser humano: la ignorancia sobre el funcionamiento del mundo, la que da lugar a nuestro sufrimiento.
- Este libro es de los primeros en lengua española que aborda tan profundamente y desde diferentes ángulos estas prácticas. Deseo que pueda ser útil a muchos seres.

Bibliografía

Adams CE, Leary MR. Promoting self-compassionate attitudes toward eating among restrictive and guilty eaters. *Journal of Social and Clinical Psychology*. 2007; 26: 1120-1144.

Alvear Morón D. *Mindfulness en positive*. Lérida: Milenio, 2015.

Aronson HB. *Love and Sympathy in Theravāda Buddhism*. Nueva Delhi: Motilal Banarsidass, 1980, p. 71.

Ayya Khema. *The path of peace: A Buddhist guide to cultivate loving-kindness*. Nueva York: Shambala, 2022.

Bankard J. Training Emotion Cultivates Morality: How Loving-Kindness Meditation Hones Compassion and Increases Prosocial Behavior. *J Relig Health*. 2015; 54: 2324-2343.

Berzin Al. The Four Immeasurable Attitudes in Hinayana, Mahayana, and Bon-Study Buddhism, 2005. (Consultado el 12 el julio de 2022 en: http://studybuddhism.com/en/advanced-studies/abhidharma-tenet-systems/comparison-of-buddhist-traditions/the-four-immeasurables-in-hinayana-mahayana-and-bon).

Bodhi B. *A Comprehensive Manual of Abhidhamma: The Philosophical Psychology of Buddhism*. Onalaska, WA: Buddhist Publication Society Pariyatti Editions, 2000.

—. *In the Buddha's Words: An Anthology of Discourses from the Pali Canon*. Sommerville (Massachusetts): Wisdom Publications, 2005.

Brasington L. *Right concentration. A practical guide to jhanas*. Boulder, Co: Shambala, 2015.

Brito G. Cultivating healthy minds and open hearts. A mixed-methods controlled study of the relational and psychological effects of compassion cultivation training in Chile (disertación). *Institute of Transpersonal Psychology*. 2014.

Buddhaghosa B. *Visuddhimagga. El sendero de purificación*. 3.ª ed. Albacete: Alfredo Bañón Hernández, 2016.

Buddharakkhita. *Dhammapada: A practical guide to right living*. Bangalore: Maha Bodhi Society, 1986. [Hay versión española: Dragonetti C. *La esencia de la sabiduría budista*. Buenos Aires: Dharma Translation Organization, 2013].

Carson JW, Keefe FJ, Lynch TR, Carson KM, Goli V, Fras AM et al. Loving-kindness meditation for chronic low back pain results from a pilot trial. *J. Holistic Nurs*. 2005; 23: 287-304.

Catherine S. *El arte de la atención plena*. Novelda, Alicante: Dharma, 2018.

Cebolla A, Demarzo M, Martins P, Soler J, García Campayo J. Unwanted effects: Is there a negative side of meditation? A multicentre survey. PLOS ONE. 2017; 12:e0183137.

Chan CHY, Chan THY, Leung PPY, Brenner MJ, Wong VPY, Leung EKT, Wang X, Lee MY, Chan JSM, Chan CLW. Rethinking well-being in terms of affliction and equanimity: development of a holistic well-being scale. *Journal of Ethnic & Cultural Diversity in Social Work*. 2014; 23: 289-308.

Chen H, Liu C, Cao X, Hong B, Huang DH, Liu CY, Chiou WK. Effects of Loving-Kindness Meditation on Doctors' Mindfulness, Empathy, and Communication Skills. *Int J Environ Res Public Health*. 2021 Apr 12;18:4033.

Cohn MA, Fredrickson BL. In search of durable positive psychology interventions: predictors and consequences of long-term positive behavior change. *J. Posit. Psychol*. 2010; 5: 355-366.

Costa J, Pinto-Gouveia J. Acceptance of pain, self-compassion and psychopathology: using the chronic pain acceptance questionnaire to identify patients' subgroups. *Clin Psychol Psychother*. 2011; 18: 292-302.

Dahl CJ, Lutz A, Davidson RJ. Reconstructing and deconstructing the self: cognitive mechanisms in meditation practice. *Trends in Cognitive Sciences*. 2015; 19: 515-523.

Desbordes G, Gard T, Hoge EA, Hölzel BK, Kerr C, Lazar SW, Olendzki A, Vago DR. Moving beyond mindfulness: Defining equanimity as an outcome measure in meditation and contemplative research. *Mindfulness* (N. Y.). 2015; 6: 356-372.

Dorjee D. Kinds and dimensions of mindfulness: Why it is important to distinguish them. *Mindfulness*. 2010; 1: 152-160.

Farb NAS, Anderson AK, Mayberg H, Bean J, McKeon D, Segal ZV. Minding one's emotions: mindfulness training alters the neural expression of sadness. *Emotion*. 2010; 10: 25-33.

Feldman C. *Boundless heart*. Boulder, Colorado: Shambala, 2017.

Feliu-Soler A, Pascual JC, Elices M et al. Fostering Self-compassion and lovingkindness in patients with personality disorder: A randomized pilot study. *Clin Psychol Psychother*. 2017; 24: 278-286.

Fredrickson BL, Cohn MA, Coffey KA, Pek J, Finkel SM. Open hearts build lives: positive emotions, induced through loving-kindness meditation, build consequential personal resources. *J. Pers. Soc. Psychol*. 2008; 95: 1045-1062.

Galante J, Galante I, Bekkers MJ, Gallacher J. Effect of kindness-based meditation on health and well-being: a systematic review and meta-analysis. *J. Consult Clin. Psychol*. 2014; 82: 1101-1114.

García Campayo J. *Nuevo Manual de Mindfulness*. Barcelona: Siglantana, 2020.

—. *Vacuidad y no-dualidad*. Barcelona: Kairós, 2020.

—. *La práctica de la compasión*. Barcelona: Siglantana, 2022.

García-Campayo J, Barceló-Soler A, Martínez-Rubio D, Navarrete J, Pérez-Aranda A, Feliu-Soler A, Luciano JV, Baer R, Kuyken W, Montero-Marín. Exploring the relationship between self-compassion and compassion for others: The role of psychological distress and wellbeing. *J. Assessment*. 2023 Oct 15. doi: 10.1177/10731911231203966.

García Campayo J, Cebolla A, Demarzo M. *La ciencia de la compasión*. Madrid: Alianza Editorial, 2016.

García Campayo J, Demarzo M. *¿Qué sabemos del mindfulness?* Barcelona: Kairós, 2018.

García-Campayo J, Navarro-Gil M, Andrés E, Montero-Marín J, López-Artal L, Demarzo MM. Validation of the Spanish versions of the long (26 items) and short (12 items) forms of the Self-Compassion Scale (SCS). *Health Qual Life Outcomes*. 2014; 10: 12-14.

Germer CK. *The mindful Path to Self-Compassion*. Nueva York: The Guilford Press, 2009.

Gilbert P. *Terapia centrada en compasión*. Bilbao: Desclée de Brouwer, 2015.

Gilbert P, McEwan K, Gibbons L. Chotai S, Duarte J, Matos M. Fears of compassion and happiness in relation to alexithymia, mindfulness, and self-criticism, *Psychol Psychother*. 2012; 85: 374-390.

Gilbert P, McEwan K, Matos M, Rivis A. Fears of compassion: development of three self-report measures, *Psychol Psychother*. 2011; 84: 239-255.

Goetz JL, Keltner D, Simon-Thomas E. Compassion: An Evolutionary Analysis and Empirical Review. *Psychol Bull*. 2010; 136: 351-374.

Gombrich RF. *How Buddhism began*. Nueva Delhi, India: Munshiram Manoharlal, 1997.

Grabovac AD, Lau MA, Willett BR. Mechanisms of mindfulness: A Buddhist psychological model. *Mindfulness*. 2011; 2(3): 154-166.

Grossman P. On measuring mindfulness in psychosomatic and psychological research. *Journal of Psychosomatic Research*. 2008; 64: 405-408.

Gu J, Baer R, Cavanagh K, Kuyken W, Strauss C. Development and psychometric properties of the Sussex-Oxford Compassion Scales (SOCS). *Assessment*. 2020; 27: 3-20.

Gunaratana, BH. *Mindfulness in Plain English*. Boston, MA: Wisdom Publications, 2002.

—. *Beyond mindfulness in plain English*. Boston, MA: Wisdom Publications, 2009.

—. *The Jhanas in Theravada Buddhist meditation*. Kandy, Sri Lanka: Buddhist Publication Society, 1988.

Hadash Y, Segev N, Tanay G, Goldstein P, Bernstein A. The decoupling model of equanimity: theory, measurement, and test in a mindfulness intervention. *Mindfulness*. 2016; 7: 1214-1226.

Harvey P. *An Introduction to Buddhism: Teachings, History and Practices*. Cambridge University Press, 2012.

—. *Buddhism*. Bloomsbury Academic, 2001, p. 247.

Held P, Owens GP. Effects of self-compassion work-book training on trauma-related guilt in a sample of homeless veterans. A pilot study. *J. Clin. Psychol*. 2015; 71: 513-526.

Hofmann SG, Grossman P, Hinton DE. Loving-kindness and compassion meditation: potential for psychological interventions. *Clin. Psychol. Rev*. 2011; 31: 1126-1132.

Hutcherson C, Seppala EM, Gross JJ. Loving- kindness meditation increases social connectedness. *Emotion*. 2008; 8, 720-724.

Hwang JY, Plante T, Lackey K. The development of the Santa Clara brief compassion scale: An abbreviation of Sprecher and Fehr's compassionate love scale. *Pastoral Psychology*. 2008; 56: 421-428.

Hyunju C, Seunghye N, Sunghyun P, Seokjin R, Misan V, Jong-Sun L. The development and validation of the Lovingkindness-Compassion Scale. *Personal Indiv. Diff*. 2018; 124: 141-144.

Jing L, Qiuling L, Xianglong Z, Tian PSO, Yidan L, Kexin X, Wenxiang S, Hanchao H, Jing L. The effect of four Immeasurables meditations on depression symptoms: A systematic review and metaanalysis. *Clin. Psychol. Rev.* 2020; 76: 101814.

Juneau C, Pellerin N, Trives E, Ricard M, Shankland R, Dambrun M. Reliability and validity of an equanimity questionnaire: the two-factor equanimity scale (EQUA-S). *PeerJ*. 2020;8:e9405.

Kearney DJ, Malte CA, Storms M, Simpson TL. Loving-Kindness Meditation vs Cognitive Processing Therapy for Posttraumatic Stress Disorder Among Veterans: A Randomized Clinical Trial. *JAMA Netw Open*. 2021; 4:e216604.

Kelly AC, Zuroff DC, Foa CL Gilbert P. Who benefits from training in self-compassionate self-regulation? A study of smoking reduction. *Journal of Social and Clinical Psychology*. 2009; 29: 727-755.

Khoury B, Knäuper B, Schlosser M, Carrière K, Chiesa A. Effectiveness of traditional meditation retreats: A systematic review and metaanalysis. *J. Psychosom. Res.* 2017; 92: 16-25.

Klimecki OM, Leiberg S, Lamm C, Singer T. Functional neural plasticity and associated changes in positive affect after compassion training. *Cereb Cortex*. 2013; 23: 1552-1561.

Klimecki OM, Leiberg S, Ricard M, Singer T. Differential pattern of functional brain plasticity after compassion and empathy training. *Soc. Cogn. Affect. Neurosci.* 2014; 9: 873-879.

Kraus S, Scars S. Measuring the immeasurables: Development and initial validation of the Self-Other Four Immeasurables (SOFI). Scale based on Buddhist teachings of Loving-kindness, Compassion, Joy and Equanimity. *Soc. Indic. Res.* 2009; 92: 169-181.

Lama, Dalái. *Stages of Meditation*. Ithaca, NY: Snow Lion Publications; 2001.

Lamm C, Decety J, Singer T. Meta-analytic evidence for common and distinct neural networks associated with directly experienced pain and empathy for pain. *Neuroimage.* 2011; 54: 2492-2502.

Le Nguyen KD, Lin J, Algoe SB, Brantley MM, Kim SL, Brantley J, Salzberg S, Fredrickson BL. Loving-kindness meditation slows biological aging in novices: Evidence from a 12-week randomized controlled trial. *Psychoneuroendocrinology.* 2019; 108: 20-27.

Leaviss J, Uttley L. Psychotherapeutic benefits of compassion-focused therapy: an early systematic review. *Psychological Medicine.* 2015; 45: 927-945.

Leppma M, Young ME. Loving-kindness meditation and empathy: a wellness group intervention for counseling students. *J. Couns. Dev.* 2016; 94: 297-305.

Longchenpa. *Finding Rest in the Nature of the Mind: The Trilogy of Rest.* Boston, MA: Shambhala Publications, 2020.

López A, Sanderman R, Smink A et al. A Reconsideration of the Self-Com- passion Scale's Total Score: Self-Compassion versus Self-Criticism. *PLoS ONE.* 2015; 10: e0132940.

Lucre KM, Corten N. An exploration of group compassion-focused therapy for personality disorder. *Psychol. Psychother.* 2013; 86: 387-400.

MacBeth A, Gumley A. Exploring compassion: A meta-analysis of the association between self-compassion and psychopathology. *Clinical Psychology Review.* 2012; 32: 545- 552.

Magnus C, Kowalski K, McHugh T. The role of self-compassion in women's self-determined motives to exercise and exercise-related outcomes. *Self and Identity.* 2010; 9: 363-382.

Malalasekera GP. *Dictionary of Pāli Proper Names.* Vol. 2, Sāmāvatī. Wilts: Pali Text Society, 1938.

May CJ, Burgard M, Mena M, Abbasi I, Bernhardt N, Clemens S *et al.* Short-term training in loving-kindness meditation produces a state, but not a trait, alteration of attention. *Mindfulness.* 2011; 2, 143-153.

Monbourquette J. *Cómo perdonar.* Santander: Ed. Sal Terrae, 1995.

Montero-Marin J, Kuyken W, Crane C et al. Self-Compassion and Cultural Values: A Cross-Cultural Study of Self-Compassion Using a Multitrait-Multimethod (MTMM) Analytical Procedure. *Front Psychol.* 2018; 9: 2638.

Montero-Marín J, Navarro-Gil M, Puebla-Guedea M, Luciano JV, Van Gordon W, Shonin E, García-Campayo J. Efficacy of «attachment-Based compassion Therapy» in the Treatment of Fibromyalgia: a randomized controlled Trial. *Frontiers in Psychiatry.* 2018; 8: 307.

Moscoso MS, Merino Soto C. Construcción y validez de contenido del Inventario de Mindfulness y Ecuanimidad: una perspectiva iberoamericana. *Mindfulness & Compassion.* 2017; 2: 9-16.

Nanamoli, B. *The Path of Purification.* Onalaska, WA: Buddhist Publication Society Pariyatti Editions, 1991.

—. *Dispeller of delusion.* Oxford: Pali Text Society, 1991.

—. *The Middle Length Discourses of the Buddha. A Translation of the Majjhima Nikaya.* Boston: Wisdom Publications, 1995.

Neff KD. Development and validation of a scale to measure self-compassion. *Self and Identity.* 2003b; 2: 223-250.

—. Self-compassion: An alternative conceptualization of a healthy attitude toward oneself. *Self and Identity.* 2003a; 2: 85-101.

Neff KD, Kirkpatrick K, Rude SS. Self-compassion and its link to adaptive psychological functioning. *Journal of Research in Personality.* 2007; 41: 139-154.

Neff KD, Pisitsungkagarn K, Hseih Y. Self-compassion and self-construal in the United States, Thailand, and Taiwan. *Journal of Cross-Cultural Psychology.* 2008; 39: 267-285.

Neff KD, Vonk R. Self-compassion versus global self-esteem: Two different ways of relating to oneself. *Journal of Personality.* 2009; 77: 23-50.

Ng GT, Lai DCK, Zeng X, Oei T. Appreciative Joy Meditation Enhances Acceptance of Unfair Offer in Ultimatum Game. *Mindfulness.* 2019, doi:10.1007/S12671-019-01139-1

Nhat Hahn Thich. *Old path white clouds: Walking in the footsteps of the Buddha*. Berkeley, CA: Parallax Press, 1991.

—. *Zen keys: Guide to Zen practice*. Delhi, India: Three leaves, 1998.

Olendzki A. *Unlimited mind*. Sommerville (Massachusetts): Wisdom Publications, 2010.

Pa Auk Sayadaw. Knowing and seeing. Buddha Dharma Education Association, Inc. (Consultado el 16 de diciembre en: www.buddhanet. net/pdf_file/know-see.pdf).

Pandita SU. *In this very life: The liberation teachings of the Buddha*. Boston: Wisdom Publications, 1995.

Paulin M, Ministero LM, Gabriel S, Morrison C, Naidu E. Minding your own business? Mindfulness decreases prosocial behaviours for those with independent self-construals. *Psychol. Sci.* 2021; 32: 1699-1708.

Pommier EA. *The Compassionate Scale. Dissertation*. The University of Texas, Austin (TX), 2010.

Raes F, Pommier E, Neff KD, Van Gucht D. Construction and factorial validation of a short form of the self-compassion scale. *Clin. Psychol. & Psychother.* 2011; 18: 250-255.

Real Academia Española de la Lengua. *Diccionario de la lengua española*, 2001.

Rogers HT, Shires AG, Cayoun BA. Development and validation of the Equanimity Scale-16. *Mindfulness*. 2021; 12: 107-120.

Rosenberg L. *Three steps to awakening. A practice for bringing mindfulness to life*. Boston: Shambala Publications, 2013.

Sayadaw PT. *Knowing and seeing*. 5ª ed. revisada. Singapore: Pa-Auk Meditation Centre, 2010.

Scoglio AAJ, Rudat DA, Garvert D, Jarmolowski M, Jackson C, Herman JL. Self-compassion and responses to trauma: The role of emotion regulation. *J. Interpers. Violence*. 2018; 33: 2016-2036.

Shantideva. *La práctica del Bodhisatva*. Novelda, Alicante: Ediciones Dharma, 2014.

Shonin E, Van Gordon W, Compare A, Zangeneh M, Griffith MD. Buddhist-derived loving-kindness and compassion meditation for the treatment of psychopathology: a systematic review. *Mindfulness*. 2015; 6, 1161-1180.

Shonin E, Van Gordon W, García Campayo J. *El guerrero atento*. Barcelona: Kairós, 2019.

Singer T, Klimecki OM. Empathy and compassion. *Curr. Biol*. 2014; 24: R875-8.

Sprecher S, Fehr B. Compassionate love for close others and humanity. *J. Soc. Pers. Relation*. 2005; 22: 629-651.

Sujiva, V. (2007). Loving-kindness meditation. Disponible en http://enlight.lib.ntu.edu.tw/FULLTEXT/JR-MAG/mag140106.

Terry M. Leary MR. Self-compassion, self-regulation, and health. *Self and Identity*. 2011; 10: 352-362.

Thanissaro Bhikkhu, Thanissaro. *Wings to Awakening: An Anthology From The Pali Canon*. Barre, MA: Dhamma Dana Publications, 1996.

Thera N. The four sublime states and the practice of Loving Kindness. Kandy, Sri Lanka: Buddhist Publication Society, 1958. Descargado en: http://www.buddhanet.net/pdf_file/4sublime_states.pdf el 10 de Septiembre de 2022

Thrangu Rinpoche, K. *Essential Practice*. Ithaca, NY: Snow Lion Publications, 2002.

Truffley D. *The four sublime states: The brahmaviharas*. Wroclaw, Poland: Altiora Publications, 2012.

Tsering, GT. *Buddhist Psychology. The Foundation of Buddhist Thought*, vol. 3. Somerville, MA: Wisdom Publications, 2006.

Wallace A. *Los cuatro inconmensurables*. Sitges, Barcelona: Elefteria, 2018.

Wallmark E, Safarzadeh K, Daukantaite D, Maddux RE. Promoting altruism through meditation: an 8-week randomized controlled pilot study. *Mindfulness*. 2013; 4, 223-234.

Weber J, Lowe M. Development and validation of the equanimity barriers scale [EBS]. *Current Psychology,* 2018, pp. 1-15.

Weibel DT, McClintock AS, Anderson T. Does loving- kindness meditation reduce anxiety? Results from a randomized controlled trial. *Mindfulness*. 2016, 1-7.

Weng HY, Fox AS, Shackman AJ, Stodola DE, Caldwell JZK, Olson MC et al. Compassion training alters altruism and neural responses to suffering. *Psychol. Sci.* 2013; 24:1171-1180.

Wiltshire MG. *Ascetic Figures Before and in Early Buddhism: The Emergence of Gautama as the Buddha*. Walter de Gruyter, 1990, pp. 248-264.

Xianglong Z, Rong W, Oei T, Leung F. Heart of Joy: a Randomized Controlled Trail Evaluating the Effect of an Appreciative Joy Meditation Training on Subjective Well-Being and Attitudes. *Mindfulness*. 2018; doi:10.1007/S12671-018-0992-2.

Zeng X, Chan VYL, Liu X, Oei TPS, Leung FYK. The four Immeasurables Meditations: Differential effects of Appreciative Joy and Compassion on Emotions. *Mindfulness*. 2017; 8: 949-959.

Zeng X, Chio FHN, Oei TPS, Leung FYK, Liu X. A systematic review of associations between amount of meditation practice outcomes and interventions using the four Immeasurables Meditations. *Front. Psychol.* 2017, doi.org/10.3389/fpsyg.2017.00141

Zeng X, Chiu CP, Wang R, Oei TPS, Leung FY. The effect of loving-kindness meditation on positive emotions: a meta-analytic review. *Front. Psychol.* 2015 Nov 3; 6: 1693.

Zeng X, Liao R, Zhang R, Oei TPS, Yao Z, Leung FY *et al.* (2016). Development of the appreciative joy scale. *Mindfulness*. 2016; 1-14. doi:10.1007/S12671-016-0599-4.

editorial **K**airós

Puede recibir información sobre
nuestros libros y colecciones inscribiéndose en:

www.editorialkairos.com
www.editorialkairos.com/newsletter.html

Numancia, 117-121 • 08029 Barcelona • España
tel. +34 934 949 490 • info@editorialkairos.com

Acceso directo a todas las meditaciones guiadas:

www.editorialkairos.com/audios/la-quintaesencia-de-la-meditacion